どんなスキルでも最速で磨く
「マスタリーの法則」

SENSE FUL NESS

センスフルネス

スコット・H・ヤング 著
小林啓倫 訳

朝日新聞出版

訳者まえがき　SENSE FULNESSについて

日本においてはしばしば、〝なんでもこなせる人〟や〝特定のスキルをすぐに上達させる人〟に対して、「あいつはセンスがある」などと表現することがある。

こうした表現は往々にして、先天的な要素である「才能」とも混同されるが、センスがある人とは、本書で解説している「上達の法則」の多くを無意識で満たしている人のことだろう。意識的に実行していけば、スムーズに習得するためのセンスは後天的にも身に付けられる。

上達の理論を知れば、「観察・練習・フィードバック」の勘所がわかり、あらゆるスキルをスムーズに習得する上でのセンスの持ち主へと近づいていく。

上達の力やセンスは後天的に身に付けられるというメッセージを込め、原著者とも相談の上、邦題は『SENSE FULNESS――どんなスキルでも最速で磨く「マスタリーの法則」』とした。本書はスキルをスムーズに習得するための論考や研究結果を詰め込んでおり、あなたのスキル習得過程が合理的かどうかを検証する手助けとなるだろう。

英語においては、SENSEは感覚的なものを指す。本書においても認知機能や五感をフル活用し、具体的な実験などから導き出された、スキルを磨く上でのさまざまな意識づけや方法論を提案していく。

小林啓倫

SENSEFULNESS――どんなスキルでも最速で磨くマスタリーの法則　目次

序論――学習のしくみ

パート1　観察：他者から学ぶ

第1章――問題解決は探索からはじまる

第2章 ── 模倣で認知の負荷を下げる

第3章 ――成功こそが最高の教師である

第4章 知識は経験と共に見えなくなる

パート

2

実践：練習から学ぶ

第5章 適度な難しさのスイートスポット

第6章 スキルは簡単には転移しない

第7章 ――反復の上の多様性

第8章 ── 質は量から生まれる

第12章 不安や恐怖は接触で薄れる

結論 —— 熟練までの道のり

ブックデザイン：山之口正和＋高橋さくら（ＯＫＩＫＡＴＡ）
図版：師田吉郎

序論　学習の仕組み

人生は学びの上に成り立っている。私たちは何十年も学校に通い、教育を受ける。仕事が上手くできるようになりたいと願うのは、トップクラスになることで得られる恩恵のためだけではなく、技能を習得することで得られる誇りのためでもある。遊びでやっていることでさえ、楽しさを感じる大きな理由は、自分が上達していると感じられるからだ。

しかし学習とは不可解なものだ。引っ越してきた町の地理をすぐに把握したり、新しい職場のルーチンを素早く覚えたりするように、楽に習得できる場合がある。その一方で、学習が長くつらい作業になる場合もある。

図書館で何時間も勉強しても、期末試験でほとんど成果が出ない場合がある。会社や業界、あるいは職業を変えたいと思っても、それに必要な資格が足りないと思う場合もある。車の運転、コンピューターのタイピング、テニスのサーブなどを何十年続けたとしても、たいして上達しない場合がある。仮に上達したとしても、一定のペースでは進まない。

目標が、何かを最終的にマスターすることであれ、少しでもいいから上達することであれ、学びのメカニズムを理解するのは有益だ。なぜ、ある状況では簡単に上達できるのに、別の状況では歯がゆいほど進歩が見られないのか、それを説明する単純な原理がある。

手始めに、世界レベルのスキル開発に関する意外な事例を紹介しよう。テトリスのプレイヤーたちが、このゲームが人気を博してから30年後に、突如として大幅な上達を遂げたという話だ。

テトリスのミステリー

2020年2月15日、ジョセフ・セーリーは、いつものようにテトリスのゲームを始めた。すぐさま、あの象徴的な多色のブロックが、およそ1秒に1個のペースで落ち始める。多くのアーケードゲームファンなら冷や汗をかくようなスピードだが、セーリーはほとんど気にしていない。それどころか、オンラインストリーミングのプラットフォーム上で、彼のプレイを見に来た数人のフォロワーとおしゃべりを楽しんでいる。

レベル19に達すると、会話のペースが落ちた。いまやセーリーは、各ブロックが底に着くまでの約0・7秒の間に、最適な位置を見つけてそこに誘導しなければならない。ブロックが着地する前に、彼はすでに次のブロックがどのような形状かを示す表示に目を向けている。何が落ちてくるか予測不可能な状況が続く中で、それが唯一の息継ぎだ。この目まぐるしいペースで9つのレベルをクリアすると、速度がさらに2倍になる。ブロックは画面上に現れるや否や、すぐに画面の底に到達する。このステージをクリアすると、レベルカウンターが誤作動を起こし、「29」から「00」に変わる。ゲーム開発者は明らかに、誰もここまで到達しないと考えていたのだろう。まるでトランス状態にあるかのように、セーリーは指を動かして、コントローラーのボタンを1秒間に10回以上叩く。彼は各ブロックを完璧に配置し、新しいブロックが画面を埋め尽くさないよう、素早く空間を確保する。

数分後、彼は初めてミスを犯す。間違えて配置された1つのブロックが列の上にそびえ立ち、瞬く間にブロックが画面を埋め尽くしてゲームオーバーとなった。にもかかわらず、セーリーは笑顔を浮かべている。彼はレベル34にまで到達したのだ。これはテトリスという、史上最も人気のあるビデオゲームのひとつの30年にわたる歴史の中で、誰も成し遂げたことのない快挙だった。そのときセーリーは、まだたったの18歳だった。

ジョセフ・セーリーがテトリスの達人であることは間違いない。しかし驚くべきは、このゲームに夢中になった第1世代のプレイヤーたちを、彼がはるかに凌駕していることだ。レベル29でプレイするのは長らく不可能だと考えられてきた。ブロックの落下する速度があまりに速いため、左右のボタンを押し続けても、ブロックが底につくまでの間に端まで移動させることができないのだ。ブロックを消すにはそれを水平に1列並べる必要があるため、ファンたちはこのレベルを「キルスクリーン」というニックネームで呼び、プレイ不可能とみなしていた。また、1回のプレイで最高スコアの999,999点を達成することも、初期のプレイヤーたちが長年追い求めた偉業だった。しかし最初にこの「マックスアウト【スコアが到達可能な最高得点に達すること】」が記録されたのは、ゲームの発売から20年後、ハリー・ホンが最高得点に到達したときである。

対照的に、サリーは2020年のあるトーナメントにおいて、12回もマックスアウトを達成している。さらに言えば、サリーのテトリスの腕前が特別というわけでもない。同じトーナメントで、40人もの別のプレイヤーが最高得点に到達していたのである。

では、全盛期をとうに過ぎたゲームが、どうしてこれほど優れたプレイヤーを生み出すのだろうか?

テトリスの過去と現在

いまやテトリスは時代遅れのように感じられ、発表された当時の衝撃は忘れられがちだ。1984年にロシアのコンピューター科学者アレクセイ・パジトノフによって発明されたこのゲームは、ソビエト連邦の終焉期にフロッピーディスクを通じて広まった。

そしてソフトウェア仲介業者のロバート・スタインがハンガリー旅行中にこのゲームを偶然

発見すると、テトリスの欧米での販売権をめぐる熾烈な争いが起きた。最終的に任天堂が勝利し、ニンテンドー・エンターテインメント・システム（NES）【1985年に発表された北米版のファミリーコンピュータ（ファミコン）】用の決定版を開発して数百万本を売り上げ、熱狂的なファンの世代を生み出した。

ほとんどのプレイヤーにとって、テトリスは単なる娯楽だったが、とりつかれたように夢中になる者もいた。初期の記録保持者の一人であるベン・マレンは、自分のプレイに関する詳細な統計を取り、パフォーマンスを最適化するための隠れたパターンを見つけようとした。「実はコーヒーを飲んでからちょうど30分後に、いちばん上手くテトリスをプレイできることがわかったんだ」と彼は報告している。ハリー・ホンはあまりに多くプレイしたため、マメができないようシャツを親指とコントローラーの間に挟まなければならないほどだった。

また、落ちてくるブロックの幻覚を見る（これは後に「テトリス効果」と呼ばれるようになる）ようになるまでプレイした者もいた。しかし彼らがどれほど熱心であったとしても、セーリーのような現代のプレイヤーが難なく披露するパフォーマンスには遠く及ばなかった。

テトリスの謎を解く

テトリスプレイヤーたちの熟練度が劇的に上がった理由を理解する手がかりは、彼らがどのように自身の成果を公表したかを観察することで得られる。初期の公式記録は、ビデオゲームの記録データベースであるツイン・ギャラクシーズによって管理されていた。プレイヤーたちが何らかの形で証明を添えてハイスコアを提出すると、審査が行われ、正当と認められればウェブサイト上のリーダーボードにそのスコアが掲載されるのである。しかしこのプロセスではプレイヤーがプレイの記録を十分に残せず、結果を提出できないこともあった。

この状況が変化し始めたのは、ユーチューブの登場後だ。動画を自由にアップロードできるようになったことで、プレイヤーたちは仲介者を介さず、世界記録を直接共有できるようになった。これにより新たな最高スコアの提出が容易になったが、そこには重要な副次的効果があった。世界記録を達成する様子を動画で投稿すれば、誰もがそのプレイを見られるようになったのだ。それまでは、ツイン・ギャラクシーズは最高スコアのみを掲載し、それを検証するために使用された証拠自体は公開していなかった。しかし今や、人々はトップクラスのテトリスプレイヤーの技術に感嘆するだけでなく、彼らがどのようにプレイしているかを実際に目にすることができるようになったのである。

画面の映像だけでなく、プレイヤーの手元の映像を記録することも一般的となった。手の動きが観察可能になったことで、ボタン操作の画期的な手法が広く再現されるようになった。たとえば「ハイパータッピング」として知られる手法は、プレイヤーが親指を振動させて方向ボタンを1秒間に10回以上押すというもので、レベル29の壁を突破する鍵となった。この手法を発明したのは、初期のベストプレイヤーであるソー・アッカーランドだったが、彼のプレイを目にし、さらに模倣できる人はほとんどいなかったため、20年近く使われないままとなっていた。

ライブストリーミングはまた、解説のインセンティブも生み出した。視聴者とコミュニケーションするよう迫られたトッププレイヤーたちが、プレイ中の思考をリアルタイムで共有するようになったのである。議論は双方向で行われ、トッププレイヤーが戦略を共有するだけでなく、視聴者もすぐに潜在的なミスを精査できるようになった。それまでのゲームマスターたちは、自分に優位性をもたらす秘密の戦略を、用心深く隠していたのかもしれない。しかし現代のプレイヤーたちは徹底的な透明性を強いられ、すべてのボタン操作が世界中に公開されることとなったのである。

オンラインフォーラムは、そのスキルを学べる可能性のあるプレイヤーのネットワークを大きく広げた。1990年代には、上達するための学びが得られる相手は、友人の輪に限られていた。テトリスがとても上手な人物をたまたま知っていれば、いくつかコツを学べるかもしれない。しかしそうでなければ、何年プレイしたとしても、このゲームのより繊細な側面に気付かないままになる可能性がある。

ハリー・ホンは2010年のドキュメンタリーで、彼が好んでいた戦略は画面の右側にブロックを積み、左側に隙間を残すことだったと明かしている。これは現在、劣った戦略だと考えられている。テトリスの回転アルゴリズムには癖があり、最も重要な棒型のブロックを回転させて移動させるのは、左方向よりも右方向の方が容易なのだ。かつてのトッププレイヤーの一人、ダナ・ウィルコックスは、ピースを両方向に回転できることさえ知らなかった。そうした知識のギャップがあったため、彼女は「Ｔスピン（Ｔ字型ブロックを最後の瞬間に回転させ、通常は不可能な位置にはめ込む技）」のようなトリッキーな操作をできなかった。

現在では新米のプレイヤーでも、最高の戦略を簡単に見つけることができる。たとえそれを習得するのに相当な練習が必要だとしても。

今日のテトリスプレイヤーたちが以前より優れているのは、効率の良い「観察・練習・フィードバック」を可能にする環境があるからだ。動画ホスティングサービスにより、最高のプレイの詳細な内容を広く配信できるようになった。オンラインフォーラムは、非公式な形で行われていた会話を永続的な知識の貯蔵庫へと変えた。そしてライブストリーミングはその配信者にとって、視聴者から瞬時にフィードバックを得られるなど、効果的な練習の場となっている。

ジョセフ・セーリーのようなプレイヤーは確かに称賛に値するが、結局のところテトリスの事例は、個人についての物語ではない。それはゲームそのものについての物語であり、そのプレイ方法がいかに進歩を加速させたかについての物語なのである。

上達するための3つの要素

上達をもたらすのは才能や粘り強さといった要素だけではない。私たちがどれだけ学びを得られるかを左右する、3つの要素がある。

1 観察：知識の大部分は、他の人々から得られる。他人から学びやすいかどうかが、どれだけ早く上達できるかを大きく左右する。

2 実践：熟達には練習が必要だ。しかしどんな練習でも良いわけではない。私たちの脳は素晴らしい労力節約マシンであり、それは大きな利点にも、そして足かせにもなり得る。

3 フィードバック：進歩するには何度も繰り返して、得られた結果に基づいて調整することが欠かせない。教師の赤ペンによる添削だけでなく、学び取りたい物事や現実と接触し、フィードバックを得ることが必要になる。

他の人々の例から学び、自分自身でさまざまな練習を行って、それに対して信頼できるフィードバックを得られるとき、私たちは急速に上達することができる。しかしこれらの要素が一つでも阻害されると、上達は困難なものになりがちだ。

適切な環境、メンター、練習方法、取り組むべきプロジェクトを見つけることで、上達を加速できる。難しいのは、それらの要素が具体的に何であるかを正確に知ることだ。

観察：お手本が持つ力

何かを学びたければ、他人を通して学ぶのが一番だ。互いに学び合う能力は、独力で問題を解決する能力をはるかに上回る。たとえばテトリスプレイヤーたちが残す成績は、ネット上でハイレベルなプレイ方法が広く知られるようになってから急速に向上した。ハーバード大学の人類学者ジョセフ・ヘンリックは、「人類が成功した秘訣は、生まれながらの知性や特殊な精神能力にあるのではない」と記している。他人のイノベーションを容易に学ぶ能力こそが、私たちを種として唯一無二の存在にしているのだと彼は主張する。

しかし、他人から学ぶ能力にも欠点がある。学びを得られる相手との接点がないと、上達に苦労するのだ。80年代のゲーム愛好家たちは、基本的に孤立していた。彼らは一人で、あるいはごく少数の親しい友人とプレイしていた。最高のプレイをするためのテクニックが広まらないため、各自が自分のやり方を進化させるしかなかった。動画アップロード、ライブストリーミング、オンラインフォーラムなどの新しい技術は、スキルを効率的に習得・習熟させるための材料を一気に普及させた。今日の世代のプレイヤーたちは、以前よりもはるかに相互の結びつきを強めている。

私たちが学ぶお手本の質も非常に重要だ。錬金術から化学への移行という例は、そのことを良く示している。初期の錬金術師たちは、卑金属を金に変えることの可能性について間違っていたかもしれないが、信頼できる化学的知識は持っていた。多くの錬金術師は物質理論の開発に取り組んでいた。しかし彼らは、経験の浅い者の手に秘術が渡らないようにするため、一次資料を意図的に分かりにくくした。錬金術師たちは、特定の物質の正体を隠すためにコード名を使用した。彼らはレシピを奇想天外な寓話で包んで、解読しなければ理解できないようにしたのである。そして熟練していない読者を混乱させるために、手順を省略したり、入れ替えたり、不要な手順を追加したりした。

これは確かに、知識を特権的な少数の者に制限するという意図した効果をもたらしたが、同時に信頼できる知識の蓄積を妨げた。錬金術師になろうとする者は、先人の実験を何十回も繰り返さなければならなかった。アイザック・ニュートンのような天才的思想家でさえ、それが行き詰まりであることに気付かずに、人生の大半を錬金術の伝承を追求することに費やした。

わかりにくい説明や省略された手順は、錬金術の文献に限ったことではない。教材が適切に設計されておらず、概念を理解したり手順を習得したりするのに必要以上の労力を強いられる場合、学ぶのは難しくなる。

知識は均等に分布しているわけではない。インターネット時代の到来により、世界の知識の大半が書き記されるようになると期待されたが、まだ多くの知識が眠ったままでいる。知識はいまだに専門家の頭の中に閉じ込められており、彼らの多くが、自分の知っていることを明確に説明するのに苦労している。

　多くの場合、知識は個人の頭の中にはなく、集団としての実践の中で体現されている。１９８０年のドキュメンタリーで、経済学者ミルトン・フリードマンは、木製の鉛筆を例に挙げた。「この鉛筆を作れる人は、世界中探しても一人もいない。これは驚くべき発言だろうか？　とんでもない」。フリードマンは次のように説明する。

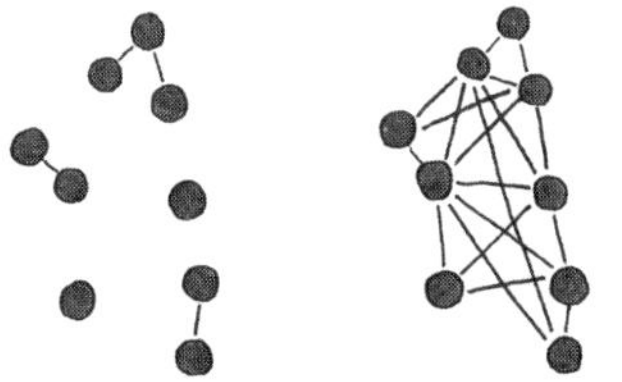
プレイヤー間のつながりが多いほど、イノベーションの広がるチャンスが増える。右側のネットワークのメンバーは、仲間から学ぶ機会を多く得られる。

　木を切り倒すにはのこぎりが必要で、のこぎりをつくるには鋼鉄が必要で、鉄をつくるには鉄鉱石が必要なのだと。ゴム、塗料、接着剤、黒鉛の製造にはすべて、非常に複雑なサプライチェーンが関わっている。鉛筆のように単純なものであっても、それを作る知識は個人ではなく、共通の目的に向かって協力する集団が持っているのだ。科学技術が発展すればするほど、個人によって達成される業績というのは稀なものになるかもしれない。困難な問題に関係する知識が、複数の集団の中に分散して存在し、解決にはそれを結集しなければならないからである。

ＡＩ（人工知能）の発展は、この傾向を加速させるかもしれない。書籍に書かれている知識にはますますアクセスしやすくなるが、言語化されていない、実践という暗黙知の世界は、専門家の閉ざされたコミュニティの中に残り続けるからである。知識が存在する環境へのアクセスは、学習そのものよりも、何かを習得する際の大きなハードルとなることが多い。

実践：練習の必要性

他人から学べる状態にあるというのは、学習の最初の一歩に過ぎない。スキルの習得には観察だけでなく、練習が必要だ。練習は学習において、多くの重要な役割を果たす。その第一は、繰り返し練習することで、タスクを遂行するための精神的な労力が減少することである。研究者たちはｆＭＲＩを用いて、テトリスプレイヤーがゲームの経験を積むにつれ、彼らの脳活動がどのように変化するかを観察した。「より多く脳を使えばより高いパフォーマンスが得られるだろう」という予想に反して、プレイヤーたちの神経細胞活動は、プレイを重ねるほど減少した。このことは、繰り返しプレイすることで、プレイヤーたちが神経系をより効率的に使えるようになるという考え方を裏付けている。

何年も車の運転をしている方は、似たようなことに気づいているだろう。以前は全神経を集中しなければならなかった、労力を要するタスクだったものが、今では考えることなく行えるようになるという具合である。手と足を動かしながら、あなたの心はどこか他の場所に飛んでいる。何かをする際に構成要素となるスキルを自動化する能力は、多くの複雑なタスクにおいてパフォーマンスを発揮するための重要な要因であり、単に他人がやっているのを見るだけでは、それを専門家レベルで遂行できない理由のひとつだ。

練習が必要なもうひとつの理由は、記憶の探索、つまり情報を記憶から呼び起こすことの重要性にある。何らかのスキルを発揮する方法を理解するには、誰かがそうするのを見ることが必要になる場合が多い。しかし自分で練習する際に、常にお手本を目にすることができると、それを記憶に深く留めることができないかもしれない。

携帯電話が普及する前の時代を覚えているくらいの年齢の方であれば、定期的にかける数件の電話番号を記憶していただろう。しかし今日では、ダイヤルボタンを押すたびに番号を目にしているにもかかわらず、自分の番号以外の電話番号を1つでも思い出すのに苦労するかもしれない。その違いは、連絡先を携帯電話に直接保存できるようになる以前は、電話をかけるたびに番号を記憶から取り出す必要があったことである。記憶を強化する上では、単なる復習よりも、探索の方が効果的なのだ。

そして暗黙知の要素も重要だ。私たちは優れた模倣者だが、スキルの多くの部分は模倣できない。テニスのサーブをする際に腕がどのように動くか、絵筆を使う際に手首がどのように動くかは、確かに観察することができる。しかし筋骨格は人によって異なるため、観察から得られる情報は、自分自身がそのスキルをどのように発揮すべきかの近似値に過ぎない。X線写真の中からパターンを識別したり、グリーン上を転がるゴルフボールの軌道を予測したりするような知覚スキルには、暗黙知的な要素が大きく、忍耐強く教えてくれる教師がいたとしても、簡単には伝えることができない。本では教えられないスキルをマスターするには、実践的な練習が不可欠なのだ。

また、学習には難易度を微調整することが非常に重要だが、私たちは必ずしもそれを正しく行えるわけではない。本書では適切な難易度の調整法についても見ていく。

フィードバック：経験を通じた適応

練習を繰り返すだけでは十分ではない。フィードバックがなければ、上達は不可能になってしまう。1931年、心理学者エドワード・ソーンダイクは、被験者に特定の長さの線を描く練習をさせるという実験を行った。3000回もそれを繰り返したにもかかわらず（さぞかし刺激的な実験だったに違いない）、被験者たちは全く進歩を見せなかった。

エキスパート研究の専門家である心理学者アンダース・エリクソンは、音楽、チェス、運動競技、医学の分野でのエリートたちがどのようにして最高レベルに達することができたかを説明するために、「意図的練習」という概念を編み出した。この概念の中心となったのは、即時フィードバックの存在である。質の高い即時フィードバックが、エリートアスリートや音楽家が徐々にスキルを高めていく際の根底にあるのと同様に、フィードバックの不在は、能力の低下につながり得る。フィードバックが曖昧な形でしか得られないということは、継続的な上達に必要な「意図的練習」を行うのが難しいということを意味する。

フィードバックを行うより良いシステムを作ることで、上達を加速させることができる。ベトナム戦争中、海軍も空軍も、敵の戦闘機を2機撃墜するごとに、味方の戦闘機を1機失っていた。これを改善するため、米海軍は海軍戦闘機兵器学校、通称「トップガン・プログラム」を創設した。この学校では、訓練生が最高のパイロットと対戦する模擬出撃が行われた。各対戦の後、訓練生のパフォーマンスは詳細に分析され、彼らの下したすべての決断が事後報告書で議論された。その結果、空軍の敵機撃墜成功率が2対1のままだったのに対し、海軍は12対1にまで飛躍的に向上し、6倍の改善を達成した。

エリクソンは、欧州の銀行で外国為替トレーダーを対象に行った実験について報告しているが、その中でも、事後フィードバックを伴う競争的シミュレーションを通じて同様のパフォーマンス向上が見られた。何かを改善するための努力において、より有効で有益なフィードバックを組み込めるかどうかが、上達と停滞の分かれ目となり得るのである。

奇妙な探求

私は長年、学習というものに魅了されてきた。2019年には『ULTRA LEARNING 超・自習法』という本を出版し、何かにとりつかれたように独学に没頭する人々の奇妙な世界へと飛び込んで、私自身の経験（さまざまな言語、プログラミング、芸術を学んだ）も紹介した。ただ、好奇心というのは空腹や喉の渇きとは異なり、学べば学ぶほど満たされるのではなく、かき立てられるのである。私は何年もかけて新しいスキルを身につけようと努力し、スキル開発に関する学術的研究を理解しようとしたにもかかわらず、以前の探求では答えの出なかった疑問を解決するため、新たな探求に乗り出すことにした。数百冊の本と数百本の学術論文を読んだ後、以前の疑問の一部について、納得のいく説明を見つけることができた。本書は多くの意味で、私自身が発見したことを理解しようとする試みだ。

私は本書を執筆するにあたって、2種類の読者を念頭に置いた。

第1に、学習者の視点から書きたいと考えた。何かを上達させたいと思ったとき、どうすれば良いのだろうか？　どのようなお手本を探すべきだろうか？　どのような練習が最も効果的だろうか？　熟達に至るか、それとも早い段階で停滞してしまうかを左右する要因は何だろうか？

第2に、教師やコーチ、親、そして組織内で学習に責任を持つ人々が、どのように人々の上達を促せるかを検討したいと考えた。好奇心旺盛な学習者である2人の子供たちが生まれて以来、私は父親として、彼らが最高の自分になれるよう導くために何ができるのかについて、強い関心を持つようになった。優れた教師は貴重であり、スキル開発を成功させるための科学的根拠はあまり知られていない。

そして何より、私は本書を、自分のような人々のために書いた。つまり上達することに興味はあるものの、最善の進め方がよく分からないという人々である。

本書が提供するもの

これから続く12の章では、「観察」「実践」「フィードバック」という3つのテーマについて、より深く掘り下げていく。各章は簡単な格言の形で表現されている。

格言の1から4までは、お手本の力について述べている。

1 問題解決は探索からはじまる：日常的な思考と創造的な思考の違い、そして他者から学ぶことが、私たちが解決できる問題の複雑さにどのように影響するかを探っていく。

2 模倣で認知の負荷を下げる：模倣は創造性と相反するどころか、むしろ独創的な作品の種となる。心のボトルネックを探り、知識を習得するための最善の戦略と、新しいアイデアを生み出すプロセスとの関連性を考察する。

3 **成功こそが最高の教師である**：基礎が欠けていると、学習は遅々として進まず、不満が募る。学習の初期段階で真の成功を経験することで、モチベーションは自己強化される。

4 **知識は経験と共に見えなくなる**：知識の呪い、つまり専門知識が自分自身の熟練の基礎に対する意識を薄れさせることについて探る。専門家の直観は強力ではあるが、熟練者は自分のやり方を説明する能力を失ってしまうことがよくあり、彼らから複雑なスキルを学び取ることを困難にすることがある。この困難を解消するため、専門家が当たり前と考えている知識を引き出すためのツールを探っていく。

格言の5から8までは、練習を改善する方法について述べている。

5 **適度な難しさのスイートスポット**：上達できるかどうかは、練習を難しすぎず、かつ簡単すぎない微妙なバランスに設定できるかにかかっている。この章ではどのような場合に難しい練習が望ましいのかを示していく。さらに、難易度を微調整するためのツールをいくつか検討する。

6 **スキルは簡単に転移しない**：スキルを練習すると何が向上するのだろうか？　学習の転移に関する研究は、ある能力を強化することが、別の能力のパフォーマンス向上につながるのはどのような場合かを理解するのに役立つだろう。

7 **反復の上の多様性**：次に、ジャズミュージシャンの即興能力の発達について掘り下げる。彼らはどのようにして、繰り返しではない複雑な演奏を生み出すのだろうか？　この疑問に答えるため、練習の多様性がより柔軟なスキルにつながることを示す科学的知見を探る。

8 **質は量から生まれる**：天才は多作だ。この章では、創造性とは単に生産性であることを示す研究を探る。最高の仕事をする人々は、ほぼ例外なく最も多くの仕事をする人々でもある。そのことが、あなた自身の努力にどのような意味を持つのかを考察する。

格言の9から12までは、フィードバックの役割について述べている。

9 **経験は専門性を保障しない**：練習が完璧をもたらすわけではない。実際、適切なフィードバックがなければ、練習しても上手くならないことが多い。この章では、不確実な環境における学習について見ていく。そして学習に適さない環境をどのように改善するかについて提案する。

10 **実践で現実と向き合わなければならない**：教室で学ぶことと、現場で実践されることとの間には複雑な関係がある。本当に熟練するためには、スキルが使用される物理的・社会的環境との接触が必要となることを示していく。

11 **上達は直線的ではない**：上達するには、途中で後退することが必要な場合が多い。進歩するにつれて、上達は誤解や非効率、間違いを根絶することに依存するようになる。この章では、アンラーニングが必要になるタイミングなどについて考察していく。

12 **不安や恐怖は接触で薄れる**：最後に、スキルの学習を取り巻く不安へと話題を移す。恐怖を克服する上での暴露療法の驚くべき効果と、私たちが不安に対処するために直観的に飛びつく戦略の多くが裏目に出る理由について見ていく。熟達には賢さだけでなく、勇気も不可欠なのである。

最後に結論として、こうしたアイデアを自分自身の練習にどう取り入れることができるかについて示していく。試験のための勉強であれ、仕事で新しいスキルを学ぶ必要がある場合であれ、あるいは単に興味のあることをもっと上達させたいだけであれ、本書の提案が、どうすればもっと上手くできるかを考える出発点になることを願っている。

パート 1

観察

：他者から学ぶ

第1章

問題解決は探索からはじまる

与えられた状況から望ましい状況に移行できない場合、ただ行動するだけではなく思考に頼る必要がある。

——カール・ドゥンカー、心理学者

- 人は難しい問題をどうやって解決するのだろうか？
- どんな問題にも通用する汎用的な解決方法はあるのだろうか？
- 誰も解決したことのない問題をどのように解決するのか？

モデルケース：難題に挑んだ男の探索

「私はこの定理について真に驚くべき証明を発見したが、この余白は狭すぎて書ききれない」。このたった一文で、ピエール・ド・フェルマーは３００年以上にわたって数学者を悩ませる謎（＝フェルマーの最終定理）を世に残した。彼の残した証明の謎は、偉大な数学者・レオンハルト・オイラーさえも困惑させるほどだった。フェルマーという謎めいた数学者の死からほぼ1世紀後、オイラーは何か証明の断片が残っていないかという期待から、彼の古い家を友人にくまなく探させたのだが、手がかりを摑むことはできなかった。

またそれは、オーギュスタン・コーシーとガブリエル・ラメという2人の数学者を惑わせた。彼らは証明を発見したと主張したが、後にその論理に致命的な欠陥があることが明らかになったのである。ドイツの実業家パウル・ヴォルフスケールは、この謎を解決した者に10万マルクの賞金を出すと宣言した。しかし彼らが最大限の努力をしたにもかかわらず、フェルマーの最終定理の証明は謎のままだった。

フェルマーの主張を証明するのは簡単ではないが、理解するのは容易だ。ピタゴラスの定理は、直角三角形において、斜辺の2乗は他の2辺の長さの2乗の和に等しいと教えている（$a^2+b^2=c^2$）。少し試してみると、この方程式に当てはまる整数を見つけることができる。3、4、5は上手くいきそうだ（9＋16＝25【3×3＋4×4＝5×5】）。5、12、13も同様である（25＋144＝169）。実際、これらの数は無限に存在する。しかしこの方程式を変え、2乗ではなく3乗を足したらどうなるだろうか？　このパターンに当てはまる3つの整数を見つけることは可能か？　不可能だ、というのがフェルマーの答えだった。それどころか、2よりも大きい整数を使った場合、それは常に成り立たないと主張した。数学的に言えば、方程式$a^n+b^n=c^n$は、n

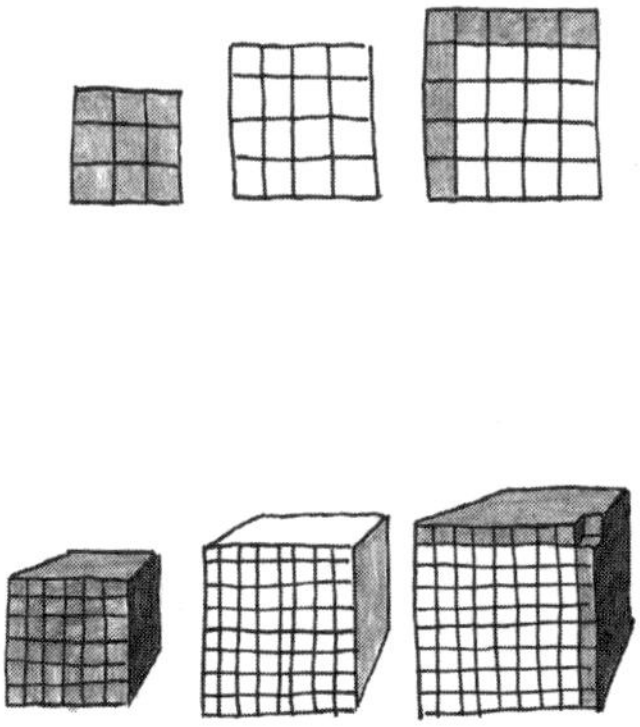

2つの正方形を足して別の正方形を作ることができる（$3^2+4^2=5^2$）。しかし、2つの立方体を足しても完全な立方体にはならない。たとえばこの図では、$6^3+8^3=9^3-1$となる。

が2より大きい場合、整数解を持たないとフェルマーは主張したのである。

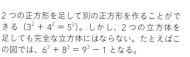

アンドリュー・ワイルズがフェルマーの最終定理の謎を知ったのは、10歳のときだった。「とてもシンプルに見えたのに、歴史上の偉大な数学者たちが誰も解けなかったんだ」と、彼はその出会いを振り返る。「その瞬間から、私はこの問題を決して手放さないだろうと分かった」。ワイルズは学校に通い、ケンブリッジ大学を卒業し、楕円曲線と呼ばれる数学の分野を専門とした。数学者としてのキャリアを歩む中でも、フェルマーの最終定理は、ワイルズの頭から離れることはなかった。しかし、何世紀にもわたって数学者を打ち負かしてきたこの問題に対して、彼も同様、証明への道筋を見出せなかった。

状況が変わったのは、１９８４年のことだ。数学者ゲルハルト・フライは、フェルマーの最終定理と、日本の学者２人組が提唱した有名な予想との間に、予想外のつながりがあることを示唆した。谷山豊と志村五郎は、全てのモジュラー形式には、対応する楕円曲線がある、という説を打ち出していた。この予想は多くの数学者たちの研究の基礎となったが、それでも、それはただの推測に過ぎなかった。フライの貢献は、さらに驚くべきつながりを示したことにあった――もし谷山・志村予想が正しければ、フェルマーの最終定理も正しい、というのだ。すでに楕円曲線の専門家となっていたワイルズは、ついに幼い頃の夢を実現するための道を見つけた。彼がすべきことは、谷山と志村の直観が正しいと証明することだけだったのである。

ワイルズは完全な秘密主義を選んだ。発表できる研究成果が蓄積されると、彼はそれを一連の論文として少しずつ発表し、自分がまだ古いプロジェクトに積極的に取り組んでいるという印象を与えた。学会への参加をやめ、教務を最低限まで減らし、仕事や家族のための時間以外、常に証明に取り組んだ。そして同僚からの助けを得られない状況に自らを置いた。彼は孤独が集中力を高めると主張したが、一人で問題に取り組めば、証明を発見しても栄誉を競う必要がないことに気づいていたのだろう。

ワイルズは最初の1年半を図書館で過ごし、モジュラー形式と楕円曲線に関するあらゆる数学を学んだ。未知のジャングルをさまよう冒険家のように、彼はありとあらゆる可能性に対応するための道具一式を揃える必要があった。基本をマスターした後、彼は独自に数学を探求し、証明への道筋を示唆する可能性のあるパターンを探した。2年間の孤独な作業の後、彼は最初の突破口を開いた。各モジュラー形式の最初の要素が、すべての楕円曲線の最初の要素と結びついていることを示す方法を見つけたのである。しかし依然として、無限に続く残りの要素について証明する必要があった。

行き詰まったワイルズは、自分の研究内容を明かさないよう注意しながら、同僚に助けを求めた。もしかしたら、自分が知らない数学の未発表論文を同僚たちが知っているかもしれない、そう考えたのだ。

彼の元指導教官であるジョン・コーツは、教え子の一人であるマテウス・フラッハが、別の数学者ヴィクター・コリヴァギンの開発した技法を拡張する研究を行っていることに言及した。「まさに私が必要としていたものだと思った」とワイルズは回想している。「ただし、このコリヴァギン＝フラッハ法をさらに発展させなければならないこともわかっていた」。ワイルズはゴールに近づいていたが、「そこには私には馴染みのない、洗練された手法が数多く含まれていた。難しい代数学がいくつもあり、新しい数学を山のように学ばなければならなかった」。

ワイルズはついに、沈黙を破ることを決意した。友人で同僚の数学者ニック・カッツに打ち明け、証明を完成させるための助言を得た。そしてワイルズは、7年間の努力の末、3世紀以上にもわたってどの数学者も成し遂げられなかった偉業を達成した。「あれは私の研究人生で最も重要な瞬間だった」と、ワイルズは自身の成功を追ったＢＢＣのドキュメンタリー番組で振り返っている。

人はどうやって難問を解決するか

フェルマーの最終定理ほどの難問に遭遇することはめったにない。しかしワイルズの物語は、難問を解決する際の思考について多くのことを明らかにしている。1972年、認知科学者のハーバート・サイモンとアレン・ニューウェルは、そうした思考プロセスを扱った画期的な著書*Human Problem Solving*を出版した。彼らは研究において、被験者に問題を解決する際の思考を説明してもらい、さらに彼らのパフォーマンスをモデルと比較することで、人間がどのようにして難しいパズルを解くのかについて観察を行った。彼らの発見は、その後数十年にわたる研究の先駆けとなり、チェス、執筆、科学、数学、医学など、さまざまな分野に応用されている。

サイモンとニューウェルの理論の中心にあるのは、**問題解決とは「問題空間」内での探索であるという考え方だ**。問題空間は迷路のようなものである。目的地に到達したかどうかは判断できるが、周囲の壁に阻まれ、移動が制限されている。迷路を難しくしているのは、ゴールまでまっすぐ歩けず、出口に達する曲がりくねった道を探索する必要があることだ。

迷路では、問題空間は物理的なものである。しかし通常、問題空間は抽象的なものだ。ルービックキューブを解こうとすることを考えてみよう。スタート時点では、キューブは混ざり合っている。ゴールは各面が同じ色で統一されている状態だ。あなたにできる動きは、キューブのひねりと回転である。ここでの問題空間は、文字通りの空間ではなく、構成の空間である。一回の回転ごとに、状態が変化する。迷路と同様に、目標はこの抽象的な空間を移動し、スタートからゴールにたどり着くことである。

フェルマーの最終定理の証明もまた、問題空間の探索であった。ワイルズの場合、過去に証明された数学の定理から出発点を選ばなければならなかった。そして彼の最終目標は、「方程式$a^n + b^n = c^n$はｎが2より大きい場合に、整数解を持たない」という命題を証明することだった。この課題を難しくしていたのは、問題空間における各ステップが、それ以前に証明された数学的事実から論理的に導き出される推論でなければならないという要件だった。この論理の制約が迷路の壁のように機能し、ワイルズの自由な証明を妨げた。ワイルズは、数学の曲がりくねった回廊を通って、フェルマーが正しかったことを確認する命題へと至る道筋を描かなければならなかった。

一度慣れてしまえば、問題空間はどこにでも簡単に見つけることができる。科学者は新しい法則を発見するために問題空間を探索する。スタートはまとまりのない一連のデータで、ゴールはそのデータを説明する理論である。問題を解決するには、データを説明できる可能性のある「仮説の空間」と、その理論を検証できる可能性のある「実験の空間」の両方を探索する必要がある。建築家が建物を設計する際は、可能なデザインの問題空間を探索し、コスト、空間、建築基準の制約に合うものを探しながら、機能的・美的価値を最適化しようとする。この章を書くことも問題解決のプロセスだった。私の場合、スタートは白紙の文書で、ゴールは私が提示したかったアイデアを説明する章を完成させることだった。

難しい問題の厄介な点

サイモンとニューウェルによる問題解決の定式化は、すぐに一つの結論をもたらした。それは「ほとんどの問題は解決できない」というものだ。可能性の空間があまりにも広大なため、〝解決策を見つけることができない〟のである。賢い方法がなければ、ランダムな推測では決して上手くいかない。ルービックキューブの配置パターンの数は、実に4300京以上にも達する。それを1つずつ、たとえ1つにつき1秒ずつ調べるだけでも、宇宙の年齢の5000倍の時間がかかる。

しかしワイルズの課題は、それとは比べ物にならないほど広大な海で航路を描くに等しかった。数学者たちは有限の知識で無限の海を航海しなければならず、無事に目的地に到着できる保証もない。ワイルズ自身も、失敗の可能性を認識していた。「証明を完成させるために必要な方法が、100年後まで発明されないかもしれない。そのため、たとえ私が正しい道にいたとしても、間違った世紀に生きていた可能性があった」。

ほとんどの問題空間があまりにも広大で探索できないのだとしたら、私たちはどう対処すれば良いのだろうか？　サイモンの答えは、「満足化」だ。つまり可能な限り最良の解決策を選ぶのではなく、「十分に良い」解決策で妥協するのである。

経営者は、ビジネスに関する緊急の意思決定をする前に、すべての可能性と情報を検討するわけではない。代わりに、限られた時間と注意力の中で探索を行い、十分に良い選択肢が見つかればそれを採用する。しかし、満足化にはより良い選択肢の芽を摘んでしまいかねない、という欠点がある。

基準を下げる以外に、問題解決の難易度を下げるもう一つの方法は、知識を使って探索をより有益な方向に限定することである。極端な場合、これによって問題解決そのものが不要になる。5＋7を計算するために、問題解決の探索を行う必要はない。単に答えが12であることを覚えているだけで良いのだ。同様に、日常生活における多くの場面では、解決策を記憶しているため問題が発生しない。車の運転、病院の予約、洗濯などは、ほとんどの大人にとって問題ではない。なぜなら、解決策への道筋を覚えているからである。しかし、洗濯機の使い方を考えるのが正真正銘の難問だった頃を、まだ覚えている人もいるかもしれない。洗剤はどこに入れるのか？　どの服を一緒に入れて、どれを分けなければならないのか？　**経験は、問題をルーチンに変えてくれるのである。**

ある方法が解決策を保証できないものだとしても、探索の量を減らすことはできる。ヒューリスティック（経験則を使って解決策を導き出すこと）とは、保証はないものの、多くの場合に上手く機能する可能性のある方法だ。何か技術的な問題に直面したとしよう。そのとき「機械の電源を切って入れ直す」というのも、ヒューリスティックの一つだ。それで常に上手くいくわけではないのだが、驚くほど多くの場合、これで問題が解決する。

ワイルズは、問題に適用できる教科書的なアルゴリズムを持っていなかった。しかし彼には、長年の研究と数学の実践を通じて獲得してきた多くのヒューリスティックがあった。たとえば帰納法による証明は、ある性質が無限に成り立つことを証明したいときに、比較的よく使われる数学的戦略である。このヒューリスティックは、ワイルズの証明において、楕円曲線の各要素をモジュラー形式の各要素と結びつけるために不可欠だった。

もう一つの一般的な数学的ヒューリスティックは、不変量を探すことだ。もし、問題をどのように変更しても変わらないものを見つけられれば、長々とした問題解決の探索を避けることができる。

例として、「欠損チェス盤問題」を考えてみよう。この問題では、左上と右下のマスが取り除かれたチェス盤を、ドミノで完全に覆うことができるかどうかが問われる。

チェス盤は8列×8行の64マスで構成されているため、残った62マスをドミノ（1個で2マス分に相当する）で覆うことを考えると、この問題には多くの探索が必要になるように思われる。31個のドミノの組み合わせを何回も試して、それがチェス盤を覆えるかどうかを判断しなければならない。しかし賢明であれば、不変量を探すだろう。この問題における不変量の一つは、ドミノがどのように置かれようと、それは常に白黒1マスずつを覆うということである。取り除かれる2つのマスがどちらも白だということに気付けば、盤面を完全に覆うことができない理由が明らかになる。そのためには、ドミノ1個で2つの黒マスを覆う必要があり、それは前述の通り不可能だからだ。このように、適切なヒューリスティックを適用することで、長い探索の手間を省くことができるのである。

左上と右下のマスが欠けたチェス盤をドミノで覆いつくすことはできるか？

帰納法や不変量を利用することは、数学や論理学全体で広く行われている。しかしそれでも、人生で遭遇する可能性のある問題に比べれば、狭い範囲にしか有効ではない。帰納法を理解しても、肖像画を描いたり、マーケティングプランを作成したりするのにはあまり役立たない。多種多様な問題に対して有効なヒューリスティックや戦略はあるのだろうか？

あらゆる問題を解決する戦略はあるのか？

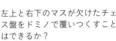

問題解決の研究において、サイモンとニューウェルは、人々が様々な問題に適用している解決のための戦略を観察した。そして、人々は前出のような探索の手間を大幅に削減するアルゴリズムや経験則に基づく解決策が使えない場合に、代替手段として別の方法をとることを見出した。その方法には、「生成検査」「手段目的分析」「プロトタイプ化」「山登り法」などがある。

基本戦略❶：生成検査

サイモンとニューウェルが実験の参加者たちの中に見出した最も基本的な戦略は、単に何かを試してみて、それが上手くいくかどうかを確認するというものだった。たとえばコンピューターにログインするのに古いアカウントを使おうとして、パスワードを忘れていた場合には、過去に使ったことのあるパスワードをいくつか試してみるかもしれない。運が良ければ、そのうちの1つが正解で、パスワードをリセットするためのより広範な問題解決の試みを行う必要はなくなる。

同じように、鍵を無くしてしまった場合には、自分の足取りをたどる前にいくつか可能性のある場所をランダムに推測してみるかもしれない。エッセイを書くときには、何でもいいから書いてみて後で編集することで、スランプを克服できるかもしれない。適当に書いた言葉が良い文章になる可能性は低いが、あるトピックについて多くの経験があれば、記憶から最初に生み出された考えも悪くないかもしれない。

しかしこうした「生成検査」の明らかな欠点は、問題空間が大きくなると破滅的な結果になることだ。生成検査は、問題がすでに十分に制約されていたり、馴染み深いものだったりして、推測が妥当な答えを生み出す可能性が高い場合にのみ有効となる。

基本戦略2：手段目的分析

問題解決において観察された、もう一つの普遍的な戦略が「手段目的分析」だ。これはまずギャップを特定し、次にそのギャップを問題空間内で減らすための行動を見つけるという、行きつ戻りつする推論戦略である。サイモンとニューウェルが提示した、次の例を考えてみよう。

私は息子を保育園に連れて行きたい。現状と目標の間にあるギャップは何か？　距離だ。その距離を埋めるものは？　自動車だ。しかし私の自動車は動かない。動くようにするために必要なものは？　新しいバッテリーだ。新しいバッテリーはどこにある？　自動車修理工場だ。修理工場に頼んで、私の自動車に新しいバッテリーを入れてもらいたい。しかし、修理工場は私がバッテリーを必要としていることを知らない。何が問題なのか？　コミュニケーションだ。何がコミュニケーションを可能にするか？　携帯電話だ……というように続く。

手段目的分析は、目標と現状のギャップを観察し、それを埋めるための適切な方法を見つける、という作業を交互に繰り返すことで進められる。そしてこれは再帰的に繰り返すことができる。

基本戦略３：プロトタイプ化

人々が問題解決に用いるもう一つの一般的なツールは、プロトタイプ化である。この戦略は、問題をより単純な問題空間で再定式化し、その単純な空間で問題を解決した後、その際に使用したアプローチを実際の問題空間に一般化しようとする試み、と見なすことができる。

たとえばエッセイを書くときには、アウトラインから始めることがある。アウトラインはエッセイの単純化されたバージョンであり、主要なポイントのみを含み、詳細はすべて無視する。計画空間で問題を解決できたと満足したら、それを手掛かりに、エッセイ全体を書くという、より大きな空間での探索を進めることができる。

基本戦略４：山登り法

霧に包まれた広大な風景の中で、できるだけ高い場所を見つけたいとする。一つの戦略は、単に最も急な方向に歩くことだ。「山登り法」はこの概念を問題解決に応用したものである。どんなにお粗末なものだったとしても、とりあえず問題に対する暫定的な解決策を考えてそれを出発点とし、それを改善する方向へと少しずつ調整していくのである。問題の中には、こうして単に最も良くなる方向に進むだけで、最終的に最適な点へと到達することができるものもある。たとえばエッセイの編集は、この「山登り法」のプロセスになることが多く、文章に連続的に修正を加えていくことで文章全体の質を向上させる、最も有効な手段の一つとなる。

これらの基本戦略は広く適用できるが、上手くいかないことも少なからずある。「生成検査」は、問題空間が大きいと失敗する。「手段目的分析」では目標が増えるため、問題の把握が難しくなる可能性がある。「プロトタイプ化」は問題を過度に単純化し、紙の上では上手くいくが、実際には失敗する解決策を導いてしまうことがある。「山登り法」は、物事をより良くするために、まずは物事を悪化させなければならないような状況のときは失敗する。

私たちが「難問」と呼ぶものは、基本戦略のいずれかが明らかに失敗を導く問題のカテゴリーであり、それを解決する唯一の方法は、魅力的なヒューリスティックを無視することかもしれない。

「ハノイの塔」というパズルでは、異なるサイズの円盤を、ルールに従いながら右側の棒に移していく。ルールは「一度に1枚の円盤しか動かせず、大きい円盤を小さい円盤の上に置くことはできない」だ。

問題全体の空間は27の状態しかないので、生成検査でも深刻な問題を引き起こすことはないはずだ。しかし、解決策を見出すのには少し練習が必要になることが多い。大きい円盤を小さい円盤の上に置くことができないルールなので、目的の最終状態に到達するには、途中で小さい円盤を目的地から遠ざける必要があり（それは山登り法に反する）、多くの入れ子になったサブ目標が必要になる（手段目的分析をより複雑にする）からである。

心理学者のアンドレ・トリコットとジョン・スウェラーは、人は本能的に手段目的分析や山登り法を適用する傾向があると示している。この傾向に対処するためには、様々な状況に適用できる特定のスキルや方法を集めた、より大きなライブラリを構築することしかない。ワイルズがフェルマーの最終定理を証明できたのは、基本戦略を広範に実践したからではなく、問題空間を大幅に縮小するための膨大なライブラリを構築していたからである。しかし同じ知識は、

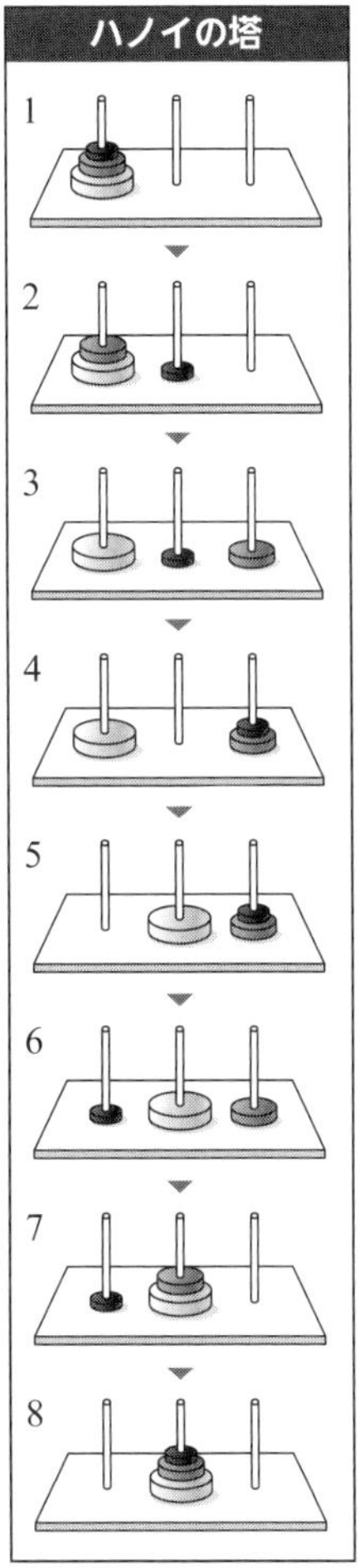

ハノイの塔：このゲームでは、異なるサイズの円盤を、元の並び順を維持しながら右の棒に移動させる。ルールとして、円盤は１回に１つしか動かせず、大きい円盤を小さい円盤の上に置くこともできない。

おそらく車の修理や税金の申告にはほとんど役に立たないだろう。

知識のフロンティア：2種類の難しさ

私たちが問題解決において直面する、2つの種類の難しさがある。1つ目は、自分にとっては解決が難しい問題でも、他の人にとっては日常的にこなしている場合に発生する。それが、他者から学ぶことの難しさにつながってしまう。

専門家たちが問題を難なく解決する際に使う、有効な解決策とは何だろうか？　専門家がそれを自覚していないこともある。その知識がなければ、私たちが行う問題解決の探索は、長くて失敗しやすいものになる。取り組む問題が、自分の問題解決能力の範囲から大きくかけ離れていない場合には、努力すれば答えを見つけられるかもしれない。しかし問題空間が広すぎると、最良のアプローチにたどり着けない可能性が高くなる。

2つ目の難しさは、個人の問題解決能力を超えた未知の領域に踏み込むときに発生する。これはまさに、ワイルズがフェルマーの最終定理の証明を探し求めていたときに直面した課題だった。彼が見つけようとしていたのは、3世紀以上にわたってどの数学者も発見できなかった問題の解決策だった。最終的に彼がたどった道は、フェルマーには全く知られていなかった広大な問題空間を通り抜けるものであったため、フェルマー自身も正しい証明を持っていなかった可能性が高いと考えられる。おそらくフェルマーは欠陥のある証明を発見したのだろう。あるいは誰も予想しなかった、非常に独創的な別ルートを見つけたのかもしれない。いずれにせよ、その知識はフェルマーとともに失われたため、ワイルズは数学上の進路を描く際に未知の領域に踏み込まなければならなかった。

私たちのほとんどは、ワイルズほど難しい問題に取り組むことはないだろう。しかし、私たちが直面する問題はそれぞれ異なるため、問題解決に向けて自ら解決策を見出す必要がある。新たに書かれるエッセイ、作曲される歌、設計される建築物は、すべてこの世に二つとない新しい問題であり、過去の解決策を単純にコピーすることはできない。しかし多くの問題が新しいものであったとしても、それらを解決するのに最適な知識は、通常は新しいものではない。問題空間をより深く見通すには、先人たちがもたらした、強い方法論の上に立つことが重要なのだ。

問題解決に向けた探索の実践的な教訓

ここまで見てきた問題解決理論から得られる、いくつかの実践的な教訓を提示していこう。

教訓1：問題自体を適切に表せているか、検証する

ナインドット（9つの点）パズル：鉛筆を離さずに、9つの点すべてを通る4本の直線を引きなさい。

探索は問題解決の難しさの半分に過ぎない。もう半分は、問題を適切に表す方法を見つけることである。そうすることで、どの問題空間で取り組むのが最適なのかがわかる。ニューウェルとサイモンの画期的な研究以前に、ゲシュタルト心理学者たちも問題解決について研究していた。ただし彼らの焦点は、実験対象がどのように問題を認識するか、そしてそれらの認識がどのように解決を促したり阻害したりするかということに当てられていた。

例として、有名な「ナインドット（9つの点）パズル」を考えてみよう。このパズルの目標は、鉛筆を離さずに4本の直線を引き、9つの点すべてを通過することである。できるだろうか？ナインドットパズルを解くためには、次ページの図のように配置された点の外、つまり点が結ぶ枠外の空間に線を延ばすという発想が必要であり、固定概念を超えて柔軟な思考が求められる。点の配置内でのみ線を引こうとしていては、どんなに探索しても失敗してしまうのである。

重要な点は、問題空間をどのように探索するかではなく、どのように表すかにある。成功する答えを最初の可能性から誤って除外していたら、徹底的な探索を行ってもそれを見逃してしまう。現実世界の複雑な状況における問題解決では、多くの場合、**問題空間を探索することと、より扱いやすい形で問題を捉え直す方法を探ることを交互に行う必要がある。**

新しいプロジェクトを始める際には、まず、その問題に精通している人々がどのように考えているかを把握するところから始めよう。彼らは問題空間をどのように捉えているのか？　それを解決するために打てる主な手は何か？　問題の考え方を知ることは、その解決を保証するものではないが、不可欠な第一歩である。

教訓2：豊富な知見を持つ人と問題の方向性を見定める

「多くの問題が解決不可能である」という認識からは、すぐに応用できる教訓が得られる。それは「**解決不可能な問題に取り組むな**」ということだ。どの問題が本当に解決不可能なのかを正確に知ることはできないが、経験を積むことで、より良い推測ができるようになる。ワイルズがフェルマーの最終定理に取り組み始めたのは、ゲルハルト・フライがそれと谷山・志村予想との関連性を指摘し、問題が解決可能な時期にきていることを示唆したからだった。起業家、科学者、発明家たちは皆、近い将来にどのレベルの技術的進歩が起きるかという予測について、十分な検討をした上での賭けをしている。

　有望な問題を発見する最善の方法は、なるべく早い段階で豊富な知見を持つ人の意見に耳を傾けることだ。新しい貢献をしている企業や研究機関、あるいはグループと働くことの利点は、問題

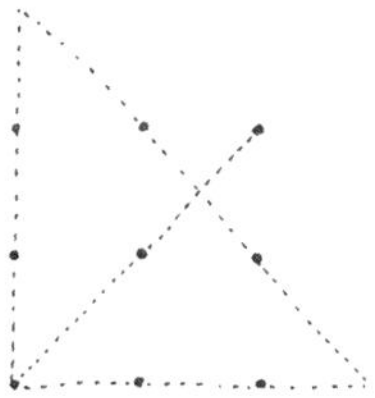

ナインドットパズルの答え

空間のうちのどの分野が探索に足る価値があり、どの分野でチャンスの見込みが薄いのかについて、有力なヒントを得られることである。

教訓3：一部屋ずつ問題空間を探る

ワイルズは、彼の数学へのアプローチ方法を説明するために、示唆に富む例え話をしている。

私の数学への取り組みは、暗い屋敷に入ることに例えられるかもしれない。最初の部屋に入ると、そこは真っ暗闇だ。手探りでよろよろと歩き、家具にぶつかりながら、少しずつ家具の位置を把握していく。そうやって半年ほど経った後、ようやく照明のスイッチを見つけ、点灯する。すると突然、すべてが照らし出され、自分がどこにいたのかがはっきりとわかるのだ。

次章で詳しく説明するが、学ぶべき相手がいない状況で、不慣れな問題空間で道を見つけなければならないときは、問題を解決するよりも先に問題空間を探索する方が役立つ。ワイルズは馴染みのない数学の分野に取り組むにあたって、他の人々が発見した数学的なツールを身につけるだけでなく、それらを自分のレパートリーの一部として使いこなせるようになるまで、かなりの時間をかけて応用した。

問題空間の探索は、意図的に特定のゴールに到達しようとするのではなく、いろいろ試してみて、何が起きるかを観察することで進められる。**ここでの目的は、何かを達成することではなく、新しい強い方法を生み出す可能性のあるパターンに注意を払うことである。**画家が売れる作品を描くのではなく、「どうなるか見てみよう」とさまざまな技法を試してみると、ひどい作品がたくさん生まれるかもしれない。しかし時には、自分の作品に独自の味わいを与えてくれる技法に出くわす可能性もあるのだ。

問題解決から問題解決方法の習得へ

サイモンとニューウェルの初期の研究は、人がどのように難しい問題を解決するかに焦点を当てていた。彼らは、人が問題解決に向けてどのようにスキルを発揮しているかを理解して初めて、その人がどのようにそのスキルを習得したのかを理解できるようになるだろうと考えていたのである。

次章では、人がどのように問題を解決するのかから、どのように問題解決のためのスキルを学ぶのかに焦点を移していく。

第2章 模倣で認知の負荷を下げる

ルールは天才の足かせではない。それは才能のない者の足かせである。

――ジョシュア・レイノルズ、画家

■問題の解決方法を学ばずに、問題を解決することはできるだろうか？
■創造性において、他者のアイデアを借りることはどの程度許されるのだろうか？
■模倣は表面的な理解につながってしまうのだろうか？

モデルケース：ルネサンス期における模倣と創造

2017年11月、レオナルド・ダ・ヴィンチの『サルバトール・ムンディ』が4億5000万ドル以上で落札され、落札額の記録を塗り替えた。それまでの史上最高額は、

2015年にパブロ・ピカソの『アルジェの女たち』が落札された際の1億6000万ドル弱だったが、それを2倍以上も上回ったのである。ダ・ヴィンチの作品が高額で取引されることは驚くべきことではない。彼は生涯で完成させた絵画が少なく、またルーヴル美術館の『モナ・リザ』に毎日大勢の人が押し寄せるように、あるいは『最後の晩餐』の謎めいた描写のように、現存する作品はどれも傑作として広く認められている。ダ・ヴィンチだけが崇拝されているわけではない。ボッティチェッリ、ラファエロ、ティツィアーノ、カラヴァッジョ、ミケランジェロも、巨匠と呼ぶにふさわしい画家たちだ。私たちは彼らの才能にばかり目を向けがちだが、ここでは彼らの修業について考えてみたい。

ルネサンス期における美術家の修業は、徒弟制度に基づいて行われた。初心者は12歳か13歳になると、巨匠の工房に弟子入りする。

弟子たちは技術を習得するために、主題と画材の両方を段階的に学んだ。まずは師匠の作品を模写することから始まる。これにより弟子たちは、熟練者がどのように光と形をパネル上の線に変換しているかを詳しく研究することができる。次に、彫刻の石膏像を描く。これには三次元の物体を二次元で表現するという難しさが加わる。

弟子たちが実際に人物を描くようになる頃には、基礎がしっかりと身についているため、姿勢や表情といった微妙な点に注意を払うことができるようになっている。画材もまた、木炭画から白黒で描かれるグリザイユ画、そして最終的には油彩またはテンペラ画によるフルカラーへと、同様の段階を踏んでいく。

巨匠の作品の模写は、美術教育の根幹をなすものだった。ダ・ヴィンチ自身も、適切な学習順序について「絵を描くことを学ぶ順序としては、まず師匠が美術作品から模写した絵を模写することから始めなさい」と主張し、その後、「その練習を積み、師の批評を受けた上で、次に優れた様式のレリーフのある物体を模写する練習をするべきである」と述べている。ただ、かなりの時間を模写に費やすという考え方は、現代の美術教育の認識とは相容れないように思える。現代の芸術家は独創性の泉であるとされ、基礎練習は創造的精神を阻害すると考えられがちだ。

しかし模倣の練習がより重視されていた時代の芸術家たちは、しばしば息を呑むような独創性を持つ作品を生み出している。ルネサンス時代の訓練方法は明らかに成功していたにもかかわらず、今日ではほとんど廃れてしまっている。

なぜ、模倣を重視したルネサンス期の訓練方法は廃れてしまったのか。

ダ・ヴィンチやミケランジェロの活躍したルネサンス期に、芸術家の地位が単なる職人よりも高いものとして認識されるようになったが、しかし芸術家の地位の向上は、皮肉にもその技術に逆説的な影響を及ぼしたのである。美術教育史家のアーサー・D・エフランドは次のように書いている。「芸術家が天才という地位に上り詰めたとき、新たな教育上の問題が生じた。天才をどのように指導すれば良いのか？　将来有望な天才を、身分の低い弟子のように訓練するのは適切なのか？」

この葛藤は、ロマン主義運動【18世紀末から19世紀初頭にかけて欧州で起きた芸術運動で、それまでの古典主義への反発から、個人の主観や感情、自然などを重視する】の間にさらに大きくなった。哲学者ジャン＝ジャック・ルソーは、自らが提案する美術教育の方針について次のように書いている。「だから私は、彼に模写を模写させたり、デッサンをデッサンさせたりするだけの絵の教師をつけるようなことはしない。自然だけが彼の教師であり、物事だけが彼の模範であるべきだ」。

ダ・ヴィンチの時代にはほとんどなかった、この職人技と創造性の間の対立関係は、今日まで続いている。「現代の芸術界では、歴史的な教育と美術の訓練は、天才とは相容れないものと考えられることが多い」と、芸術家であり教育者でもあるジュリエット・アリスティデスは書いている。「新進気鋭の芸術家たちは、歴史や努力から切り離され、エーテルから直接知識を得ることが期待される場合が多い。しかし、個人の本能が教育よりも重視されると、芸術家は永遠の思春期に陥り、情熱が能力を凌駕してしまうことがある」。

古典的な美術教育の中心は、オリジナルの作品を制作する前に、模範から辛抱強く学ぶことにあった。しかし、模範の力は美術の技術に限られたものではない。状況によっては、自分で同じ問題を解決するよりも、お手本を研究する方がより有用なスキルにつながる——認知心理学者たちは、そんな意外な発見をしている。

解決方法を学ばずに問題を解決できるのか？

1980年代初頭、心理学者ジョン・スウェラーは実験中に奇妙な結果に遭遇した。当時スウェラーは、学部生を対象とした問題解決に関する実験を行っていた。その問題で学生たちに要求したのは、与えた数を目標の数に変換することだった。ただしその際に許した操作は、数を3倍にすることと、29を引くことの2つだけだった。たとえば15を16にするという問題の場合、まず15に3を掛けて45にし、そこから29を引けば16になる。各問題には解決策が1つしかなく、それは3倍することと29を引くことを、特定の回数だけ交互に行うというものだった。「学部生たちは出された問題を比較的簡単に解き、失敗もほとんどなかった。しかし、彼らの結果には奇妙な点があった。すべての問題は、この交互の操作で解くことができたのだが……これを解くためのルールを発見した学生はほとんどいなかったのだ」とスウェラーは振り返っている。

学生たちが問題を解決できたというのに、その解決に使った方法を学習しなかったなどということがあり得るのだろうか？　これは前章で取り上げた、ハーバート・サイモンとアレン・ニューウェルの問題解決に関する論文が発表された直後の出来事だった。スウェラーは彼らの研究を基に調査し、問題を解けるのに解決の手順を学習できないことの潜在的な理由を発見した。その理由とは、解決に「手段目的分析」の方法をとっていたことである。

これはサイモンとニューウェルが見出した基本的な解決策の一つで、現在の位置と到達したい目的の間にあるギャップを何度も確認し、そのギャップを埋める手段を見つけるというものだ。この戦略は有効だが、問題の多くの側面を同時に頭に置く必要がある。そうした精神的な負荷が追加で発生するために、将来同じような問題を解くための手順を一般化するのに必要な、十分な余力が残らなかった可能性がある。

「教育の場で学生に問題を解かせる場合にも、同じプロセスが適用されるのではないかと思った」とスウェラーは振り返る。「私たちは学生に問題を解決させるのではなく、問題の解決方法を教えるべきなのだろうか？」

このことからスウェラーは、**「範例」を示すことで手段目的分析を抑制できれば、学生が行動から解決方法を抽出するために必要な認知能力をより多く残せるのではないか**と考え、実験で試してみることにした。範例とは、問題と解決策、そして解答者が答えにたどり着くまでに通ったすべての中間ステップが示されたものである。スウェラーは、代数問題を使ってこの仮説を検証した。学生たちを集め、あるグループ（範例グループ）には代数問題の範例を学習させ、解答が示された例題と同じタイプの問題をすぐに解かせた。そしてもう一方のグループ（問題解決グループ）には、範例なしで問題を解かせた。ただし問題解決グループの中で、5分経っても答えを見つけられなかった学生には、範例グループと同様に範例が示された。この救済策を設けることで、問題解決グループが、単に範例グループほど多くの答えを見つけられなかったからといって、成績が落ちることがないようにした。その後、似たような問題を出題するテストを実施したところ、両グループの成績はほぼ同じだった。しかし新しい形式の問題を出題した場合、範例グループの75％が解けたのに対し、問題解決グループは誰も解けなかった。問題解決グループは3倍の時間をトレーニングに費やしていたにもかかわらず、である。

スウェラーの研究は当初物議を醸したのだが、彼が発見の基礎とした心の特性自体は、決して異論のあるものではなかった。研究者たちは1世紀近く前から、心が同時に保持できる情報量には、驚くほど制限があることを知っていた。魔法の数字「7プラスマイナス2」という考え方を見ていこう。

マジカルナンバー7プラスマイナス2

「私はある整数に悩まされてきた」と、ハーバード大学の心理学者ジョージ・ミラーは、

1956年に発表した有名な論文の冒頭で述べている。「この数は様々な姿に変わり、時にはいつもより少し大きく、あるいは少し小さくなるが、見分けがつかないほど変化することはない」。ミラーは一見無関係に見える様々な実験を行い、彼の魔法の数字（マジカルナンバー）「7プラスマイナス2」を明らかにした。

たとえば誰かに、高さの違う音を区別するよう頼んでみると、区別する音が2つか3つしかない場合は上手く聞き分けられる。しかし6つを超えると、人々は間違いを犯すようになる。同じ効果は音の大きさでも起こり、区別できるのはおよそ5つの異なる音量だけだ。この魔法の数字が現れるのは、音を分類する場合だけではない。実験において、被験者に水の塩味を判断させたり、正方形の面積を視覚的に判断させたり、色相の変化を判断させたりする場合にも現れることが確認された。

またこの数字は、知覚的な識別能力に限定されるものではない。記憶に関する実験では、被験者が7つ以上の項目を記憶しなければならない場合、その項目が数字、数字列、単語のいずれであっても、パフォーマンスが同じように低下することが示されている。ミラーは、この魔法の数字が単なる実験上の偶然の一致ではなく、私たちが同時に心に留めておくことができるものの数に根本的な限界があることを示していると主張した。思考にはボトルネックがあること、そしてその幅がどの程度なのかということについて、ミラーは証拠を提示したのである。

ミラーは最初の論文の中で、思考の制約を緩める可能性を1つ指摘している。彼の実験では、ボトルネックによって制限されるのは情報の項目の数であり、情報量ではないことが確認された。

たとえばNUFHSBLAIという文字を記憶しようとする場合を考えてみよう。大半の人にとって、これらの文字すべてを一度に覚えておくのは難しい。しかし文字を並べ替えて、FBI、USA、NHLというようにすれば、それぞれ連邦捜査局、アメリカ合衆国、ナショナルホッケーリーグとして覚えるのは容易なはずだ。どちらの表現も同じ文字を使用しているが、後者は「意味のある塊」に再編成されている。これらの塊は、過去の経験と結び付けられており、ミラーの魔法の数字の上限に近い9文字を容易に記憶することができる。私たちは、より複雑な情報のパターンを組み立てることによって、限られたワーキングメモリを克服している。各パターンは1つのスロットしか必要としないため、全く同じ問題と解決方法であっても、熟練者と初心者の間では、ワーキングメモリによる制約は大きく異なる。

1995年、アンダース・エリクソンとウォルター・キンチュは、思考のボトルネックの制約を回避する別の方法を提案した。経験を積むことで、短期的な作業を行う際に長期記憶をより効率的に利用できるようになるというものである。ワーキングメモリのボトルネックとは異なり、長期記憶はほぼ無限の貯蔵庫であり、私たちの生活のすべての記憶を保存している。しかし長期記憶のほとんどは、眠ったままになっている。問題の答えは記憶のどこかにあっても、適切なタイミングで思い出せなければ、存在しないのと同じだ。エリクソンとキンチュは、**定型的な作業によって、私たちは「想起手掛かり」を作り出すことを学び、それによってボトルネックが通常許容する以上の情報を把握できるようになる**と主張した。キンチュは、物語の理解においてこの証拠を示している。

彼は実験を行い、被験者に蒸気機関の発展についての物語を読ませ、その際、文章に1行おきに邪魔な文を挿入した。意味のない単語や数字を使った従来の記憶実験では、このような邪魔が入ると、記憶しようとしていたものがすぐに頭から消えてしまう。電話番号を覚えるためには、何度も自分で繰り返し電話しなければならないのはそれが理由だ。記憶の中でまだチャンク（塊）化されていない情報のパターンは、ちょっとした中断で簡単に消えてしまうのである。しかし物語を読む実験に参加した被験者は、最小限の混乱で話を読み進めることができた。このことは、被験者が物語の一部をより永続的な記憶に変換し、中断したところから再開するための想起手掛かりを作り出したことを示唆している。

ミラーのチャンク化理論と、キンチュとエリクソンの理論には、どちらも重要な限界がある。それは、〝どちらも広範な練習の後にのみ可能になる〟という点だ。最初にチャンクを組み立てなければならないわけである。私たちは生まれながらにFBIやUSAといった略語を知っているわけではなく、米国人以外なら、NHLが何の略か分からない人も多いだろう。**効率的なチャンクを持たない初心者は、事実上、熟練者よりも多くの項目をワーキングメモリで**

処理せざるを得なくなる。同様に、物語を流暢に読める読者は、初心者にはない、物語を把握するためのメカニズムを持っている。スウェラーが研究したような初心者は、熟練者よりもワーキングメモリによる制約が厳しいのだ。

思考のボトルネックの中で学習する

スウェラーが最初の実験を行ってから40年、様々な研究者たちによって、ワーキングメモリが学習に与える影響について研究が行われてきた。これらの影響は、「認知負荷理論」へと統合されている。この理論は、学習効果を最大化するためには、学習者の認知負荷、つまりワーキングメモリを適切に管理することが重要であるとしている。

認知負荷理論においては、「内在性負荷」と「外在性負荷」の区別がある。内在性負荷とは、学習内容自体の複雑さや難易度に起因する負荷のことで、もう一つの外在性負荷とは、学習に直接関係しない精神的な努力のすべてを指す。外的要因でワーキングメモリに余分な負担がかかると、その分問題解決に使われるためのスペースが少なくなってしまうのである。

余分な負担の例として、2つの心臓の解剖図を見比べてみよう。左の図では、部位の名称が図内の関連する場所とは別に配置されており、余分な負荷がかかる。右の図では対照的に、部位の名称が図内の場所に直接配置されており、追加の認知負荷は生じない。

また、重複した情報が認知負荷をかける「冗長効果」というのもある。同じ情報を視覚と文章の両方で提示する図は、どちらか一方だけを提示する図よりも学習効果が悪くなるのだ。プレゼンテーションの際にスライドに書かれている内容と全く同じ内容を声に出して言うなど、冗長な情報がある場合、見る人が無関係な複製を排除することに気を取られてしまうため、ワーキングメモリに追加の負担をかけると考えられる。

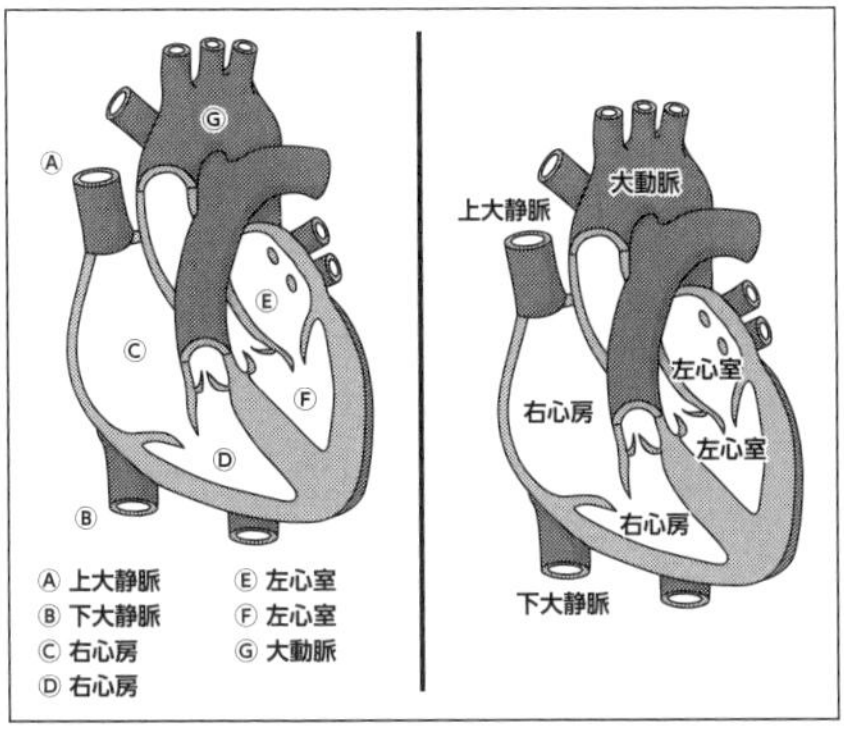

これらは心臓の解剖図だが、左側の図では、部位の名称が図の対応する位置から分離されているため、図を解釈するためにより多くの認知的作業が必要となる。

また、アイトラッキングソフトウェア【対象者の視線の動きを追跡して、どこを見ているかを測定・分析するソフトウェア】を使った研究では、専門家の目の動きを追うことができる場合、学生はより多くを学べることが示されている。複雑な場面に遭遇し、何が重要なのかわからないとき、私たちは生まれつき人の視線に従って注意を向けるようにできているようで、それによって認知負荷を軽減することができる。

この効果は、ルネサンス時代の工房が芸術制作で成功した理由も説明しているかもしれない。師匠の仕事ぶりを観察することで、その手法だけでなく、芸術的な問題に対する彼らの視点も得られるからである。

自分で答えを見つけることは、理解を深めることにつながるのか?

範例を批判する人々は、それが浅い理解につながると主張することが多い。スイスの心理学者ジャン・ピアジェは、「子供が自分で発見できたはずのことを、教師があらかじめ教えてしまうと、子供はそれを発明できなくなり、結果としてそれを完全に理解することができなくなる」という有名な言葉を残している。問題の解決方法を示されることは、自分自身で問題を解決するよりも本質的に浅い経験である、というのが彼の考えだ。

この信念を検証する方法の一つは、生徒たちが、学んだ方法をより遠い状況や問題の種類にどう応用するかを見ることである。お手本による学習が単に「テストに合わせた学習」であるならば、それを検出できるはずだ。つまり別のテストをすれば、そのスキルを表面的にしか理解していない生徒は失敗するだろう。

心理学者のデヴィッド・クラーアとミレナ・ニガムは、科学実験の学習という文脈で、この問題を検証した。

スロープの傾斜が、ボールが転がる速さに影響するかどうかを知りたいなら、それを調べる最善の方法は、傾斜だけが異なる2つのスロープ（つまりスロープの表面、ボールの種類など他の条件は揃えておく）を比較することだ。こうした実験において明確な指示と範例を与えられた生徒よりも、自分自身で実験を通じてそれを見つけ出した生徒のほうが、新しい状況にその手順を適用する頻度が高いのではないかと予想された。だが、小学3〜4年の生徒112人を対象にした調査の結果は真逆だった。

何も教えられず独力で答えを見つけ出した生徒たちよりも、手順や範例を示された生徒たちの方が、他の問題が出された時の成績がはるかに良く、生徒の77％が条件を混同させない形で正しい手順を使うことができた。一方、自力で手順や原則を発見した生徒たちで、他の問題にも同水準で対応できたのは23％に過ぎなかった。そして最初のテストで好成績を収めた人は、その後の科学フェアのコンテストでも、この手順を適用する能力が高いことも示されている。これは、範例を通じて学習することがより多くの生徒にとって上手く機能しただけでなく、多様な状況でその知識を応用する能力を妨げるようにはならなかったことを示唆している。

ただ、単なるお手本だけでは必ずしも十分ではない。範例は、ステップが省略されていると理解しにくくなる。ルネサンスの巨匠のような絵を、完成したコピーを見るだけで描けるようになるアマチュア画家はほとんどいない。絵を描く際の「過程」を観察することも重要である。

範例を小さな目標に分割することで、問題解決手順の背後にある論理を説明しやすくなり、そして学習者に範例の自己説明を促すことで、理解を深められることが研究で示されている。

そして第4章で詳しく説明するように、専門家はしばしば、説明の中で解決策の精神的なステップを省略してしまう。抽象的あるいは知的な主題の場合、専門家の身体的な動作を見るだけで、その専門家がやっていることを理解できるようになるには、かなりの訓練が必要かもしれない。

お手本には配慮や工夫が必要だが、クラーアとニガムの実験は、「お手本を見ることによって得られた知識は、直接の経験によって得られた知識よりも本質的に浅い」という仮説に強い疑問を投げかけている。

創造するよりも模倣する方が効果的な場合とは？

思考のボトルネックは、学習が上手くいかない場合がある理由を示唆している。それは、複雑な主題やスキルが、十分簡単なレベルにまで分解されていないためだ。混乱した状況に直面すると、初心者は問題を解決するために、手段目的分析やその他の努力を要する探索プロセスに頼らざるを得ない。そうした問題解決への注力は、答えを出すためには必要であることが多いが、学習や、将来の課題に応用できるパターンを見出すために必要な認知能力を奪ってしまう。認知の負荷を最小限にするための教材の整理や範例の活用は、学習をより効果的にすることができる。

第二言語を学ぶ際の文法と語彙を比較してみよう。文法を理解するためには、精神的に大きな負担がかかる場合がある。たとえば日本語を学び始めた英語話者は、自分の考えを「主語－動詞－目的語」（「Dog bites man」）という慣れ親しんだ語順から、「主語－目的語－動詞」（「犬が－人を－噛む」）という日本語の語順に変換するという、精神的なお手玉とでも呼ぶべき操作をしなければならない。長い文章では、このような精神的操作は容易に私たちの認知能力のすべてを消費してしまう可能性があり、そのため明確な例文や、教科書の練習問題が非常に役立つ場合がある。

それとは対照的に、語彙の学習は、認知負荷が比較的低い。それぞれの単語を暗記するだけで良いのだ。したがって、会話に没頭することで幅広い語彙を獲得することは、より達成のハードルが低い。同様に、化学には複雑な概念（量子力学における電子軌道の理解など）と単純な概念（周期表の質量の暗記など）の両方がある。車の運転には、ハンドル、アクセル、ブレーキを同時に操作するという複雑なプロセスと、異なる交通標識の意味を認識するという単純なプロセスの両方が必要になる。

複雑な問題は経験を積むにつれて単純になっていくため、認知負荷理論における多くの効果は、専門知識が発達するにつれて消失したり、逆転したりする。「熟達化反転効果」は、生徒が初心者のうちは、自力での問題解決よりも範例を研究するほうが学習効果が高いことが多く、上級者になると、これが逆転することを示している。問題解決のパターンが記憶に定着すれば、生徒は単に見ることよりも練習からより多くの利益を得ることができる。実際に絵を描かなければ熟練の画家にはなれないように、習得には観察だけでなく実践が必要なのだ。範例の効果は、学習者にとって問題解決のパターンが馴染みのないものであるときに最も強く影響するのである。

だからこそダ・ヴィンチは、模写から始めるようにアドバイスしながらも、芸術的才能が発達するにつれて、自然から直接学ぶことを強く推奨したのである。創造性を開花させるためには、最終的に、模写を独自の観察に置き換える必要がある。

ある分野を始めたばかりのときに最適な学習戦略と、経験を積んだ際により効果的な学習戦略との違いは、美術教育における意見の対立の一部を説明できるかもしれない。経験豊富な芸術家は、経験豊富なゆえに指導よりも問題解決からより多くの恩恵を受けるため、新しい芸術を創造する際に用いる精神的なプロセスを、経験の浅い人々を指導するのにも最適な方法だと誤ってしまう可能性がある。

思考のボトルネックによる制約は、古い情報を適用するときよりも新しい情報を学ぶときの方が大きくなるため、過去の経験次第で、問題が些細なものに見えたり、耐え難いものに見えたりする。学習とは、その隔たりを越えるのに役立つ記憶のパターンを獲得するプロセスなのである。

認知負荷理論を応用した戦略

認知負荷理論を考慮し、新しいスキルや知識をより効率的に学ぶための原則を挙げていく。

原則1：早めに範例を探す

複雑な新しいテーマに直面したときはいつでも、範例の付いた問題を多く掲載している教材を探そう。最初のうちは、そうした教材は問題解決のパターンを迅速に吸収する方法を提供してくれる。また上達した後では、答えを隠して練習の機会として使用することができる。

原則2：負荷になる要素を減らす

ワーキングメモリをなるべく多く確保するために、教材を再構成し、最小限の精神的操作で理解できるようにしよう。図表を見て何度も確認する必要がある場合は、それにまつわる情報や要点を参照対象のすぐ近くに書き記すべきだ。また、専門用語や難解な概念があるのなら、それぞれの意味を平易な言葉に書き直してみよう。

また、複雑なスキルに取り組む前に、難しいと感じるような要素があるかどうかを確認しよう。そうした要素を練習して記憶に定着させることができれば、後でスキルを実行する際に余力が生まれる。新しい言語の単語をフラッシュカードで暗記しても、話す際の問題は解決しないが、話すときに考えなければならない要素の1つを軽減することはできる。同様に、絵を描き始める前に、色の混ざり方、光から影への移り変わり、遠近法のルールなどを理解しておくことで、技術的な問題につまずくことなく、ビジョンを表現することに集中できるようになる。

原則3：複雑さを徐々に導入する

スキルに必要なワーキングメモリは経験と共に減少するため、簡単な問題から始めて、より複雑な問題へと進むことが合理的であると言える。ゲームデザイナーは、この点を上手く活用して、ゲームの機能をプレイヤーに教えるためのチュートリアルレベルを設計している。それによりプレイヤーは、手間のかかる指導を受けることなく、プレイしながらゲームの仕組みを学ぶことができる。上達するにつれて、新しい複雑さを着実に導入していくのである。

原則4：創造性の前に技術を優先させる

創造性とは、問題空間の中にある未開拓な領域を探求することだ。その意味で、技術的な卓越性と創造性には、確かに違いがある。だが、この2つは対立するものとして捉えられがちではあるものの、実際には相互補完的なものだ。技術を習得した後でこそ、さらに遠くを見通すことができるようになる。どのルールを破ることができるのかを知って初めて、ルールを曲げることが可能になるのである。

初心者から達人へ

ダ・ヴィンチの時代から多くの変化があった。すべての新しい芸術家が、何世紀も前に栄えたスタイルで訓練されるべきだと提案するのはナンセンスだが、しかし上手くいった原則を捨て去るべきでもない。先人たちの手法を学ぶことは、独創性を妨げるものではなく、避けては通れない要素なのである。

次の章では、その基盤を築くことが、認知負荷を一時的に軽減するだけでなく、モチベーションと長期的な習熟のためにも重要であることを見ていく。

第3章

成功こそが最高の教師である

生徒は教師からすべてを学び取る義務があり、教師は生徒からすべてを引き出す義務がある。

——ケヴィン・ケリー、WIRED誌創刊編集長

■初期の成功は将来のモチベーションを高めるか?
■知能を向上させることのできるスキルは存在するのか?
■学習の失敗は、才能の欠如によるものなのか、それとも基礎の欠如によるものなのか?

モデルケース:ヘレン・ケラーの「学びのルーツ」

ヘレン・ケラーは生涯を通じて、2つの誕生日を祝った。1つは自身の誕生日。もう1つは彼女の「魂の誕生日」であり、それは愛する教師、アン・サリヴァンが自宅にやってきた日で

ある。生後19か月の時に、ケラーは当時の医師が「脳炎」と診断した病気にかかった。彼女は回復したものの、聴覚と視覚を完全に失ってしまった。耳が聞こえず、目も見えなくなったケラーに残されたコミュニケーション手段は、欲求を表現するための、即興で作った数十のハンドサインだけだった。しかしほとんどの場合、彼女はかんしゃくを起こしていた。「私は唇を動かし、必死にジェスチャーをしたが、無駄だった。それで私は心底腹が立ち、疲れ果てるまで蹴ったり叫んだりした」と、自伝で当時の心境を振り返っている。6歳になる頃には、そのような爆発はほとんど毎週のように起きるようになっていた。困り果てたケラーの母親は、ローラ・ブリッジマンという別の盲ろうの女性が教育を受けていたという話を偶然耳にした。娘にも同じようなことができるかもしれないと期待した彼女は、パーキンス盲学校に連絡を取った。そこで推薦されたのがアン・サリヴァンだった。

「私の人生で最も重要な日は、私の先生、アン・マンズフィールド・サリヴァンが私に会いに来てくれた日だ」とケラーは後に記している。サリヴァンはまず、ケラーに人形を与えて遊ぶことから始めた。しばらく人形を持たせた後、サリヴァンはケラーの手を取り、彼女の手のひらに「d-o-l-l」という言葉を綴った。「私はすぐにこの指遊びに興味を持ち、それを真似しようとした」とケラーは回想している。「やっと文字を正しく書けるようになったとき、私は子供らしい喜びと誇りで胸が熱くなった。私は階段を駆け下りて母のもとへ走り、自分の手をかざしてdollという文字を作った」。その後数週間、サリヴァンはケラーに何十もの新しい物とその綴りを教えた。ケラーにとって、この活動はまだ遊びに過ぎず、それぞれのジェスチャーが単語を表していることに気づいていなかった。

ケラーがmugとwaterという言葉を混同した後、サリヴァンは彼女を井戸小屋に連れて行き、ケラーの手に水を流した。1957年に発表されたウィリアム・ギブソンの戯曲『奇跡の人』で不朽のものとなったこの瞬間は、ケラーにとって啓示となった。「私はその時'w-a-t-e-r'が私の手に流れている素晴らしい冷たい何かを意味していることを知った。その生きた言葉が私の魂を目覚めさせた」とケラーは書いている。「私は井戸小屋を出て、もっと学びたいと思った。すべてのものに名前があり、それぞれの名前が私に新しい考えをもたらした」

その後の80年にわたる人生で、ケラーはハーバード大学のラドクリフ・カレッジを卒業し、12冊の著書を執筆し、ラテン語、フランス語、ドイツ語を習得した。さらに、熱心な政治活動家となり、女性参政権、平和主義、社会主義、障害者の権利のために運動を展開した。人生を一変させるような教育を受けたおかげだ。

自力での学習：正しい基礎が将来の上達を可能にする

ケラーの物語は、教育の劇的な可能性を示している。手話アルファベットを教わったことで、彼女は言葉を学び、コミュニケーションを取れるようになった。その基礎から、彼女は読み書きを学び、活発な知的活動を送ることができた。この初期の機会がなければ、ケラーは永久に孤立したままだったかもしれない。ケラーのように幼少期からの完全な盲ろう状態は比較的稀だが、基礎となる重要なスキルが欠落しているために、さらなるスキルが身につかないという現象は一般的に見られる。

学びの基礎でもある読解力について考えてみよう。読む能力がなければ、世界の知識の大半にアクセスできない。実際に研究者たちは、ある時点での読解力が、その後の知能の発達と密接に関連していることを発見した。スチュアート・リッチーらは、一卵性双生児の子供たちの読解力と知能指数を、7歳、9歳、10歳、12歳、16歳の時点で測定した。幼少期には、読解力と知能の間に高い相関は見られなかった。しかし研究者たちは、双子の一方が早い時期により高い読解力を持っていた場合、後になって知能指数が高くなる傾向が見られることを発見した。この研究から示唆される解釈は、高い読解力を持つことで他の知識やスキルも習得しやすくなり、知能を自己成長させられるということである。

文章を読む際、子供たちは非常に不規則な正字法（文字を正しく表記するための規則体系）を理解することを強いられ、その結果、数千もの音と綴りのパターンを扱わなければならない。さらにそのほとんどが、完全に一貫して適用されるわけでもない。そしてこれらを、完全に自動的にできるレベルまで学習しなければならない。単語認識の認知負荷が最小限になって初めて、解釈の困難さや問題解決、新しい概念の学習に対処するための余力が生まれるのである。

初期の成功体験は好循環を生み出す。読む学習を始めたばかりの生徒が、言語の音と綴りのパターンをしっかりと把握していた場合、同級生よりも少ない労力で読むことができるだろう。そうした労力の軽減は、読書量を増やすことにもつながる。そしてより多く読むことで、明示的に教えられなかったものも含め、音と綴りのパターンをさらに習得していく。初期に読解力を持っていた人々は成功を体験し、自分自身が読解力を持つ人物だと認識して、練習を続け、さらに習熟度を高めていくのである。

初期の成功で好循環をつくる

読解力に関する研究は、ある重要な原則を示している。初期の経験は、単にスキルを実行するための基礎を築くだけでなく、長期的な取り組みにつながる興味を持続させるためにも重要であるという点だ。

残念なことに、多くの教室では、最初に苦戦した生徒がそのまま取り残されてしまう。前提となる教材をマスターできないことで、その後の授業についていけなくなり、宿題はイライラするほど難しくなり、実生活でそのスキルを応用する機会はますます少なくなっていく。それが続けば、こうした初期の経験が否定的な自己概念、つまり「私は数学ができない」「私は芸術的ではない」「私は語学が苦手だ」などに固定化してしまうことは容易に想像できる。そうではなく、**何かを習得するという初期の経験が、学習と練習へのさらなる努力の投資を促すような、肯定的なフィードバックループを作ることが望ましい。**

初期の成功がより大きな学習成果を生み出すという好循環を達成する一つの方法は、一対一の個別指導である。ヘレン・ケラーと彼女の教師の深い関係は、その顕著な例だ。アン・サリヴァンはケラーに手話アルファベットや読み書きを教えただけでなく、大学にも同行し、ケラーが講義についていけるように口頭での講義内容を忠実に書き写した。直接的な指導関係は強力である。教師が生徒のニーズに合わせて教材を迅速に調整し、必要に応じて説明を加えたり、生徒が自分で知識を応用する練習が必要なときは、手を引いたりすることができるからだ。

心理学者ベンジャミン・ブルームは、その有名な論文の中で、一対一の個別指導が生徒にもたらす大きな利益について議論し、個別指導を受けると、受けない場合よりも生徒の学力は平均より2標準偏差上昇すると主張した。

また彼は、個別指導によってそのような学力の向上が起きることがわかっている以上、生徒の学習能力の欠如や学習する科目の本質的な性質を言い訳にするべきではないとも主張した。しかし、個別指導は費用もかかる。生徒一人につき教師一人を雇えるような余裕のある学校はほとんどない。そのため彼の主張は、一対一によるサポートの利点に近づきつつも、数十人の子供たちがいる教室で実行可能な教授法を見つけることへの呼びかけとなった。ブルームは

「完全習得学習（マスタリー・ラーニング）」という手法で、その解決法を見つけたと信じていた。

完全習得学習は、カリキュラムを「教授・練習・フィードバック」のサイクルに分解する。まずは生徒に特定のセクションを教え、次にテストを行う。しかし一般的な教室で行われるテストとは異なり、このテストは成績をつけるためのものではない。テストの出来が悪くても、生徒が罰せられることはない。その代わり、テストは純粋に、どの生徒が教材をマスターしたか、あるいはしていないかを評価するために使用される。教材をマスターしていない生徒には、次のセクションに進む前にテストに合格できるよう、新たな説明と練習の機会が与えられる。一発で合格した生徒には、代わりに発展的な課題が与えられる。

完全習得学習は、教室での学習について、私たちが当然だと思っている慣習の多くを覆すものだ。例えば多くのカリキュラムにおいては、「初期のテストの点数が最終的な成績に反映される」という慣習があるが、これは最初に苦戦してしまった生徒に悪影響を及ぼす。初期につまずくと、その生徒は授業で成功する可能性がどんどん減っていくのを感じてしまうのである。これとは対照的に、完全習得学習におけるテストは成績をつけるためではなく、早い段階でつまずいている生徒を特定し、サポートするためにある。苦戦している生徒に素早く介入することで、教室環境においても一対一の個別指導の魔法を再現できるのである。

完全習得学習におけるもう一つの大きな原則は、教材を同じ方法で二度教えるべきではないというものだ。もし生徒が初期の授業で苦戦したのなら、単純に、同じ説明をもう一度繰り返すべきではない。代わりに、苦戦したセクションに取り組んでいる生徒には、情報を異なる方法で提示する、新しい教材が提供されるべきである。**異なる例、説明、または練習活動を用意することで、前回の学習方法で行き詰まってしまった場合でも、別の道筋を提示することができる。**

関連するアプローチとして、「直接教授法（ダイレクト・インストラクション）」があり、これは完全習得学習よりもさらに強力な効果を持つ可能性がある。完全習得学習は初期の成功を確保することに焦点を当てているが、具体的な指導方法については無頓着だ。それとは対照的に、直接教授法のカリキュラムは、複雑なスキルを体系的にその構成要素に分解し、提供される指導の順序を厳密にテストすることで機能する。最終的な成果物は、高度に台本化された一連の授業であり、例題や教師主導の練習、フィードバックが素早く交互に行われる。

いくつか技術的な違いはあるものの、完全習得学習と直接教授法はどちらも才能の有無にかかわらず、すべての生徒が学習できるという原則に基づいている。そして、それを確実に実現する方法は、**例示、練習、修正的フィードバックのサイクルを綿密に監視すること**であるとしている。

失敗ではなく成功が最高のモチベーションになる理由

学習において、モチベーションは非常に大きな役割を果たす。学ぶことに意欲満々で授業に臨む生徒もいれば、教科に対してあからさまに軽視の態度をとる生徒もいる。私たちはみな、心を奪われるようなテーマに夢中になった経験もあれば、教室で時計の秒針がゆっくりと講義の残り時間を削っていくのを見守るという、拷問のような時間を過ごした経験もあるだろう。モチベーションが重要であることは分かっていても、それはミステリアスなもので、完全に合理的な形で理解するのは難しいと感じられることが多い。

だが、心理学におけるモチベーション理論の歴史の中で、ある一派は、モチベーションが非合理的であるという考え方を強く否定した。心理学者のクルト・レヴィンとエドワード・トールマンが、それぞれ個別に、〝動機付けとは期待される利益の計算である〟と提唱したのである。彼らの主張によれば、私たちが動機付けられる、つまりやる気を出すのは、自分の努力の結果として予想される成果に価値があると感じたときだ。

しかし、私たちの実際の行動を考えてみると、この説明は破綻しているように思える。重要な試験のために勉強しなければならないと分かっていても、なぜ私たちはそのための動機を感じられないのだろうか？　もし私たちの動機付けが純粋に合理的なものであれば、やるべきことが正しいように思えても、それを実行に移せないでいる自分自身に対する心の葛藤は少なくなるはずだ。

また純粋に合理的な計算であるという考え方では、私たちが目にする動機付けの多様性を説明するのも難しい。なぜある学生は一生懸命勉強し、別の学生は怠けてしまうのだろうか?

心理学者のアルバート・バンデューラは、この問題を明確にするのに貢献した。彼によれば、**〝私たちの動機付けを生み出すのは、行動の結果に対する期待だけでなく、自分にその行動を取る能力がどれだけあるかという信念も重要だ〟**ということである。自己効力感【「自分ならできる」のように、何らかの目標を達成するために必要な能力を自分が有している感覚】が中心的な要素となり、これによって、同じ状況でも人によって全く異なるやる気を感じる理由を説明できるようになった。たとえば試験勉強をしないと決めた人は、合格などどうでもいいと考えているからではないかもしれない。むしろ、教材を理解する能力が自分にはないと信じているために、勉強する動機付けを感じられないのかもしれない。

自己効力感は、自己概念や自尊心といった関連する概念とは異なるものだ。自己概念は「自分自身を全体としてどう捉えているか」という、全体的なセルフイメージである。同様に、自尊心とは自分の価値に対する全体的な評価のことを指す。一方の自己効力感はスキルごとに細分化されており、ある人が高い自尊心や好ましい自己概念を持っていても、特定の課題に対して低い自己効力感を持つこともあり得る。

たとえばある人は、自分の運動能力を高く評価し、人間としての自信を持っていても、数学のテストで成功する可能性は低いと信じているかもしれない。同様に、自分はプログラミングが得意だと感じていても、舞台上でプレゼンテーションすることを考えると萎縮してしまうかもしれない。自己効力感は個人のアイデンティティよりもはるかに細分化されており、異なる状況や課題によって変化する可能性がある。

自己効力感の発生源

自己効力感がそれほど重要であるなら、それはどのようにして生まれるのだろうか？　バンデューラは、４つの主要な影響があり、そのうち２つが特に重要であると主張した。小さいほうの影響２つは、「身体の状態」と「言葉による説得」である。強い興奮状態にある人は、単に手が震え、心臓が激しく鼓動しているという理由だけで、試験を受けることができないと感じるかもしれない。言葉による説得とは、ゴールラインを越えるエネルギーを与えてくれる、観客からの歓声のような励ましのことを指す。

これらよりも自己効力感により影響を与えるのが、「代理経験」と、「個人的熟達」である。「代理経験」とは、他人が成功したり、直面した状況に対処したりするのを見ることを指す。すでに見てきたように、他者から学ぶことは、スキルを学ぶ上での重要な認知的要素を形成する。これによって最良の戦略を見出すために必要な、試行錯誤のプロセスを省略することができる。指示や実例を通じて、個人的にやり方を考え出すよりもはるかに迅速に学ぶことができるのだ。

バンデューラは、そのような経験が動機付けの役割も果たすと主張した。**誰かが成功するのを目の当たりにしたとき、特にその成功を自分も真似できると信じられる理由がある場合、同じ行動を取る動機付けがより高まる可能性がある。**だからこそロールモデル、特に自分自身を重ね合わせることができる人物が重要なのだ。そうした人物は、問題を解決する方法や正しいテクニックを示してくれるだけでなく、私たちの自己効力感を高め、同じ結果を達成するための動機付けを構築してくれるのである。

自己効力感を高めるあと1つの要素「個人的熟達」とは、自分自身が直接成功を経験することを指す。これは特に強力だ。なぜなら、代理の成功経験は自分とロールモデルの間に認識される違いに基づいて割り引かれる可能性があるのに対し、自分自身が成功するのを見ることほど自信を高めるものはないからである。

バンデューラは、将来の学習に有利な状況を作っていく上で、成功の直接的経験が不可欠な役割を果たすとまとめている。

パフォーマンスの実績は、自己効力感を高める上で最良の源を提供する。それは個人の直接

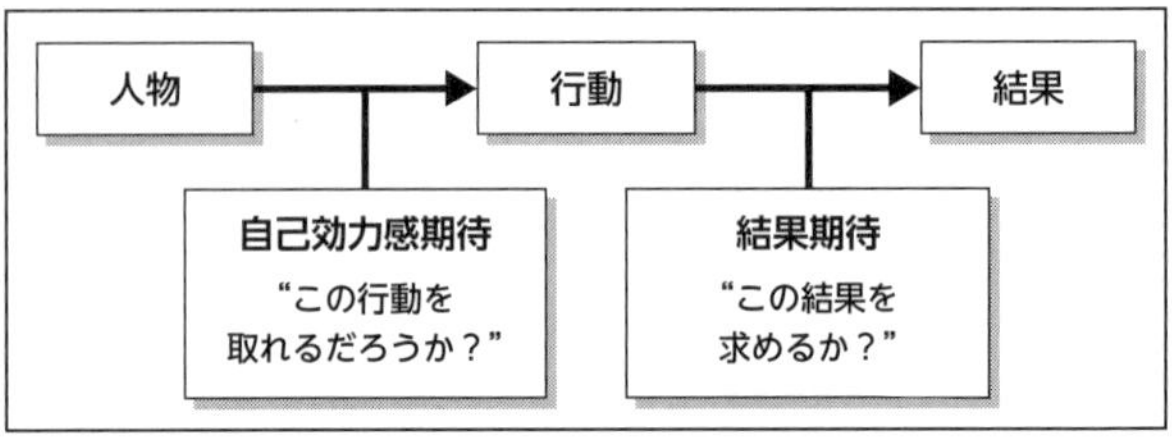

バンデューラの自己効力感の概念は、動機付けを２種類の期待と結びつけている。必要な行動を遂行できる可能性（自己効力感期待）と、その行動が望ましい結果を達成する可能性（結果期待）である。

的な経験に基づいているからである。成功は熟達への期待を高めるが、失敗を繰り返すと、それは低下してしまう。特に失敗が出来事の初期段階で起こる場合はそうだ。成功が繰り返され、強い自己効力感が育まれると、時折の失敗による悪影響は減少する可能性が高くなる。

つまり失敗ではなく、成功こそが最良の教師なのだ。初期の失敗体験を繰り返し経験すると、やり抜く力が得られるのではなく、学習性無力感【繰り返し失敗することで、「何をしても結果は変わらない」と思い込むようになってしまう心理状態】や回避行動に陥る可能性が高くなる。失敗が役立つ場合、それは過去の成功体験の上に築かれる傾向がある。ある目標を追求する中で、最終的には成功できると信じている時にのみ、失敗を乗り越えて粘り強く努力することが意味をなすのだ。熟達へと至る長い過程の中では、過信を正し、また困難に直面してもやる気を維持するために、何度か屈辱的な瞬間を経験することは有益かもしれない。しかし初期に失敗を繰り返しても、モチベーションは上がらないのである。

やる気を高める学習初期の教訓

これまで見てきたように、初期の上達経験が後の学習にもたらす利点は多岐にわたる。複雑なスキルの基本的な構成要素をマスターすることで、さらなる学習のための認知的基礎ができる。繰り返し練習することで、スキルを使用するために必要な努力の総量が減り、心理的ハードルが下がり、教室の外でスキルを使用する可能性が高くなる。そしてある分野での成功体験は、自己効力感を高める傾向があり、学習を続けようとする意欲を高める可能性がある。

これらの教訓を、私たち自身の学習や、周囲の人々にスキルを身に付けさせる場合にも応用できる方法をいくつか考えてみよう。

教訓1：基礎が欠落したままで複雑なタスクをしない

読解指導から得られる教訓の一つは、多くのスキルの問題は、基本的な構成要素が欠けていることに起因しているという点だ。残念ながら多くの教室において、必要な知識の欠落は例外ではなく、むしろ常態となっている。

スキルの向上において重要な要素は、単に知識を持っていることではなく、流暢に使いこなせて過剰に学習された基礎的スキルなのである。掛け算表を十分に暗記していなければ、代数の問題を解くのは本当に難しい。同様に、文字を解読するだけで思考のワーキングメモリをすべて使い果たしてしまうなら、文学分析は不可能だ。

正しい基礎を身につけ、その後で徹底的な練習を行うことで、より複雑なタスクに対処するための精神的リソースを確保することができる。したがって、特定のスキルを学ぶのに適していないと断言する前に、学習における前提条件をマスターしているかどうか、常に自問すべきである。

教訓2：なるべく個別指導を取り入れる

常時、個人教師を雇う余裕はないかもしれないが、適切なタイミングで助っ人を雇うことは、そのコストに十分見合う価値がある。家庭教師やコーチを雇う、あるいは個人的なメンターを見つけることは、彼らに練習の様子を見てもらえるならば有益なものになる。少量の練習であっても、あるスキルをスムーズに使えるようになるためには、大量の練習が必要になる。そのため練習全体にくらべて指導の比率が小さかったとしても、それは依然として有益な効果をもたらす。

残念ながら個別指導は、苦戦している学生のためだけのものという烙印を押されていることが多い。その結果、優秀な学生は、個人教師を使うという考えをしばしば軽蔑する。しかしそれは、有用な態度ではない。多くの知的偉人たちは、誰かに個人教師的な役割を務めてもらっており、それによって自分の分野を習得することに成功している。

初期の化学者の一人であるロバート・ボイルは、化学に関する知識について、ジョージ・スターキーから広範な個別指導を受けていた。存命の数学者の中で最も偉大な人物の一人であるテレンス・タオは、ポール・エルデシュから指導を受けていた。多くの分野で、その分野の創始者にまでさかのぼる、師弟関係の知的系譜を辿ることができる。個別指導はあらゆる状況で利用できるものではないかもしれないが、可能な限り積極的に活用すべきである。

教訓3：初期は自己効力感を高めるよう配慮する

自己効力感の教訓は、自信を持つように自分を奮い立たせるべきだというものでも、また自分自身に根拠のない賞賛を浴びせるべきだというものでもない。バンデューラの研究では、心身の覚醒も言葉による説得も、私たちの自己効力感にとって弱い調整要因だった。代わりに、私たちは他人の成功を見たり、自分自身が成功を経験したりすることで自信を得る。このことから、**自信がないときに重要なのは、より簡単で単純なタスクから始めて、自分がやろうとしていることをできる他の人々から十分な助けを得ながら、ポジティブな実績を積み重ねることである**と言える。

火起こしを比喩に使おう。火種に点火するには、風を避け、簡単に火が燃え移る素材を豊富に用意する必要がある。いったんモチベーションが高まれば、難易度を上げることができる。火種を消してしまうような重い丸太も、燃え盛る炎にとっては強固な燃料となる。

複雑なスキルの場合、このような条件を達成する最善の方法は、習得しようとしているスキルの基礎について徹底的な指導をしてもらい、自分の実力をあまり超えない例題で十分な練習を積み、行き詰まったときにはサポートとガイダンスを得ることだ。簡単なもので高いレベルの成功を収めてから複雑なものへと進むことも、スキルの流暢な運用を可能にするための良い手段となる。

たとえば言語学習の場合、それは難易度が段階的に分けられた読み物を用意し、既に学んだ語彙が主に使われているものを通じて学習することを意味するかもしれない。数学の場合、応用問題に進む前に方程式を習得することを意味するかもしれない。成功の基礎を築くことで、後で難しい課題に取り組めるようになる可能性がはるかに高くなる。

初期の成功から最終的な専門知識へ

読解で見てきたように、あるスキルを十分に練習すると、それを実行するための根本的なプロセスを意識しなくなるほど自動化されることがある。本を流暢に読める人にとって、私たちが一文字一文字の組み合わせですべての単語を認識しているという考えは、信じがたいものだろう。そんなの無理なくらい速いスピードで読んでるじゃないか！　しかし、心理学者たちはまさにそれを発見したのだ。視線追跡を行った研究によれば、読むことに熟練している人物は、ページ上のほぼすべての単語に注目し、文字パターンを認識することで単語を特定している。長年の読書経験によって、この認知作業は無意識のレベルで行われるようになり、ほとんどの場合、私たちは文章の意味だけを意識し、実際にどのように読んでいるかを意識することはなくなっているのである。

次の章では、専門的な知識が及ぼす影響について掘り下げる。スキルを深く習得していくと、そのスキルの基礎をどうやって実行しているかについて、意識が向かなくなる場合が多いことを解説しよう。専門家自身にとっては、これは大きな恩恵となり得る。個々の文字に注意を払う必要がないからこそ、私たちは文章の意味を分析できるのだ。しかし学習者にとっては、これは他者から学ぶ上で不利になる可能性がある。私たちが手本にしたいと考える専門家たちは、複雑なスキルをどのように実行できるか、無意識にしか認識していないことが多いからだ。

第4章 知識は経験と共に見えなくなる

私たちは、自分が語れる以上のことを知っている。

——マイケル・ポランニー、哲学者、科学者

- なぜ専門家が必ずしも最良の教師ではないのか?
- 熟達とともにどのように暗黙知に変わっていくのか?
- 専門家の暗黙知を明確なものにし、そこから学ぶことはできるか?

モデルケース:DNAをめぐる専門家の直観

DNAの構造ほど、一般に認知されている分子はないだろう。二重らせん構造の解明は、我々の生命そのものに対する理解を決定的に変えた。

DNAの理解に大きく貢献したのは、別の分野のスペシャリストだったX線結晶学者ロザリンド・フランクリンという女性だ。彼女の貢献は当初見過ごされていたが、世界で最も象徴的な分子の謎を解明することを可能にしたのは、彼女が撮影した写真だった。

X線結晶学は特殊な写真を撮る。撮影される画像は、「回折《かいせつ》」という量子力学的原理によって作られる。X線は他の光と同様に、波でできている。この画像を解読するには、回折の理論についての詳細な理解だけでなく、鮮明な画像を作り出すために必要な、実践的経験も求められる。

ロザリンド・フランクリンはその専門家だった。ケンブリッジ大学で物理化学者として学んだ彼女は、石炭の結晶構造に関する最先端の研究を行うことでX線結晶学の技術を習得した。彼女の研究は、なぜ石炭は加熱されると黒鉛に変化し、他のものはそうならないのかを解明するのに役立った。生物学とはかけ離れた研究だったが、このテーマはさまざまな分野に応用が可能であり、結晶学的技術の優れた実践の場を提供した。

彼女はキングス・カレッジ・ロンドンに採用された後、生物学で最も謎めいた分子の研究を依頼された——DNAである。DNAのような生体分子を画像化するのは容易ではない。鮮明な画像を得るには、DNAの糸を慎重に引っ張り、理想的な湿度を保つために一連の塩の水溶液を使用し、100時間以上の露光時間でX線を照射する必要があった。

フランクリンが作成した画像は見事なものだった。英国の結晶学者J．D．バーナルは、それらを「これまでに撮影された物質のX線写真の中で最も美しいもののひとつ」と評した。彼女の実験における手際の良さは、理論に基づく洞察力と釣り合っていた。ジェームズ・ワトソンとフランシス・クリックが、3本のリン酸骨格が内側にあり、塩基が外側に突き出ているという最初のDNAモデルを彼女に見せたとき、彼女はすぐに間違いを見抜いた。彼らが提案したモデルでは水分が少なすぎ、外側に配置したナトリウムイオンが水分子に包まれてしまうため、彼らが予測するようには結合できないことを指摘した。彼女は写真を見て、リン酸は外側にあり、塩基が中央になければならないことを理解した。彼女は数か月かけて、助手のレイモンド・ゴスリングと共に、A型とB型の画像を何度もつくり直し、正確な原子構造を慎重に絞り込んでいった。

結局、DNAの謎を最初に解き明かしたのはワトソンとクリックだった。それは科学史に残る、悪名高い出来事だった。彼らはフランクリンが撮影したX線写真を、彼女の知識や同意なしに使用したのである。彼女の写真がなければ、2人は誤ったモデルから先に進むことができなかったかもしれない。同様に、フランクリンが自身のデータを分析するためにあと数か月の時間を与えられていたら、彼女が先に正しい構造を発見していたかもしれない。1962年にワトソンとクリックがこの発見でノーベル賞を受賞した時、フランクリンはすでに4年前にがんで亡くなっていた。ノーベル賞は死後授与されないため、彼女はこの科学における最高の栄誉を受けられることはないが、フランクリンの研究はのちに極めて重要だったものとして高く評価されている。

専門知識のとらえどころのなさ

フランクリンはなぜ一目見ただけで、ワトソンとクリックの最初のDNAモデルが正しくないと分かったのだろうか？　また、彼女はそれまでDNA分子を扱ったことがなかったにもかかわらず、どのようにして繊細なサンプルを準備するための方法をすぐに推測できたのだろうか？　さらに、どうしてワトソンとクリックは、フランクリンのX線回折写真を一瞬見ただけで、分子の全体的な形状を認識できただけでなく、他の可能性を排除して正しい答えに到達できたのだろうか？　科学は純粋な理性を用いて世界の本質を推論する、感情や直感から切り離された聖職のようなものだと考えられがちだ。だが、偉大な発見の歴史を見ると、熟慮の上での行動と同じくらい、直観が大きな役割を果たしているように感じられる。

ハンガリー出身の哲学者であり、化学者でもあったマイケル・ポランニーは、「暗黙知」という用語を定義した。これは私たちが知っていることでありながら、どのように知っているのかを説明できないものを指す。科学は明示的な推論と同じくらい、言葉で表現できないノウハウに依存しているというのが、ポランニーの主張だった。科学から暗黙知を排除することはできず、科学から直観的な基盤を取り除こうとする試みは、哲学者たちが守ろうとしている科学そのものを破壊してしまうだろうと彼は考えた。

数学者であり物理学者でもあるアンリ・ポアンカレもまた、偉大な発見をする上で直観が重要であると主張した。1908年の著書『科学と方法』の中で、彼は次のように書いている。

不毛な組み合わせは、発明家の心には現れすらしない。彼の意識の中には、本当に役に立たない組み合わせは決して現れないのだ。

これを第1章のハーバート・サイモンやアレン・ニューウェルの言葉で解釈するならば、ポアンカレは、専門家の思考は問題空間の広い範囲をランダムに探索しているようには見えない、と主張したのである。良いアイデアが自動的に生まれ、初期の推測はかなり正確になることが多い。

専門性の本質については多くの研究がなされてきたが、共通しているのは専門家になる過程において、知識が意識から徐々に遠ざかる場合が多いという点だ。たとえ専門家自身がその結論に至った経緯を説明できなかったとしても、正しい行動は明白であり、多くの場合、それは熟考することなく現れる。

暗黙知の探求

専門知識の科学的研究の起源は、オランダの心理学者であり、チェスの名人でもあったアドリアーン・デ・フロートの研究にまで遡ることが多い。彼の1946年の論文*Het denken van den schaker*（チェスにおける思考と選択）は、一流のチェスの名人と、週末にチェスを楽しむ程度のプレイヤーのパフォーマンスを比較した。デ・フロートは、プレイヤーにチェスの手を考える過程を声に出して話すように求めることで、強いプレイヤーと弱いプレイヤーの思考スタイルを比較した。

最初の仮説は、優れたチェスプレイヤーはより多くの手を先読みできるのではないかというものだった。合理的な思考が超活性化されて、問題空間の奥深くまで潜り込み、並のプレイヤーには想像もつかない手を思いつけるのだろうと。しかしデ・フロートが研究した範囲の専門家では、プレイヤーたちは探索の深さに関してそれほど違いはなかった。

ウィリアム・チェイスとハーバート・サイモンは、デ・フロートが行ったチェスに関する研究を1970年代初頭に再現し、それを拡張した。彼らは、強いチェスプレイヤーがより深い探索に頼っているわけではないというデ・フロートの発見を再確認した。深い探索の代わりに、チェスの名人はより良い手を直観的に見つけるようだった。彼らが探索するために選択する最初の手は、弱いプレイヤーのそれよりも優れており、彼らの優れたパフォーマンスを説明している。

チェイスとサイモンは、この直観的な能力を、〝より良い記憶〟という観点から説明した。経験豊富なチェスプレイヤーは、自然に発生する可能性のある盤面構成の場合、それを短時間見ただけで、盤面の複雑なパターンを素早く再現することができる。これに対して初心者は通常、少数の駒しか思い出すことができず、しかも正確ではない。ところが盤面の駒の位置をでたらめなものにすると、専門家のパフォーマンスは初心者と同程度になってしまった。

この記憶能力の向上は、最初にチェスで文書化されたが、その後、専門知識のほぼ普遍的な特徴であることが示されている。医学、プログラミング、電子工学、スポーツ、音楽の専門家はすべて、自然に発生するパターンを記憶することに優れているが、同じ情報がその分野において一般的ではない形式で提示されると、彼らの優位性は急激に低下する。

専門家は、無数のパターンを記憶に保存しているため、ある局面が以前に見たものと似ていると認識し、同じ対応が適切だと判断する。そうすることで、可能性を広範囲に探し回る必要がなくなるのである。

心理学者のゲーリー・クラインは、経験豊富な消防士を対象に実地調査を行い、彼らもまた直観的なプロセスから正しい行動を導き出しているように見えることを発見した。燃え盛る建物の中で対応しなければならないという、危険と時間のプレッシャーの中で、「複数の選択肢を作成し、それぞれの長所と短所を比較検討し、行動を起こす」という、公式的な意思決定モデルが示すような行動をとる消防士はほとんどいなかった。現実の状況における専門家たちはその代わりに、クラインが「再認プライム型意思決定」と呼ぶプロセスを使用すると彼は主張した。**ある状況を見て、それが記憶にある典型的な状況に合致していれば、専門家は自動的に最初の選択肢を選ぶ。現在の状況がどこか奇妙であることを示唆する要因が確認された場合にのみ、彼らはより広範な問題解決を行う。**

専門知識研究の伝統を引き継ぎ、クラインはチェスプレイヤーの研究も行い、彼らが最初に思い付いた手は偶然から予想されるよりもはるかに優れており、それを熟慮するための長い時間が与えられても、最善の手である場合が多いことを発見した。チェスの世界チャンピオンに5度輝いたマグヌス・カールセンも同意見のようで、あるインタビューにおいて「通常、10秒後には何をすべきか分かっている。残りは再確認しているだけだ」と説明し、「ある特定の手を説明できないことがよくある。単にそれが正しいと感じたから打っただけなのだが、私の直観は多くの場合正しいようだ」と付け加えている。私たちの直観は、ランダムな推測よりもはるかに正確なようだ。

直観に関する別の見方として、専門家はまず無意識のうちに状況について複数の解釈を作成し、それらを単一の、最も可能性の高い解釈へと絞り込むことによって、目の前の状況の意味を理解するという説がある。読解力のパフォーマンスに関する、ウォルター・キンチュの「構築－統合モデル」がその一例だ。「He met the man at the bank」という一文は、「彼は銀行(bank)でその男に会った」と「彼は川岸(bank)でその男に会った」という2つの解釈を同時に想起させる。しかし読み進めるにつれて、不適切な意味は取り除かれる。それに続く文が「They withdrew two hundred dollars(彼らは200ドルを引き出した)」であれば、2人が川岸ではなく、銀行で会ったという解釈の方が支持される。そして矛盾する解釈は意識レベルに上がる前に抑制されることが示唆されている。

この説明によれば、直観が機能するのは、専門家がパターンの意味を理解しているからである。最初は複数の異なる解釈を生み出すが、より多くのデータが入ってくるにつれて、可能性の低い解釈は抑制される。追加の情報が入るほど、パターンを見出して一貫性のある答えを示すようになる。

専門知識は、形式的なルールや手順の適用から始まるかもしれない。しかし時間が経つにつれて、それが特定の状況の認識に置き換わる可能性がある。その場合、専門家の知識は暗黙知となる。そこで推論は全く行われず、正しい答えを得るプロセスは、単にそれを思い出すだけとなるからだ。

専門家が必ずしも最高の教師にならない理由

暗黙知は、専門家から学ぶ際の障害となる。専門家は認識や直観に頼って優れた答えを導き出すが、どうやってそれを導き出したかを説明できるとは限らない。もう一つの障害は、言語化できる知識でありながら、専門家がそれを当然のことだと考えて省略してしまうことだ。

ワトソンとクリックが最初に示したらせんモデルに対するロザリンド・フランクリンの反論はこのタイプだった。彼女は、なぜ彼らのモデルが機能しないのかを説明するのに苦労しなかった。水分含有量を考慮すると、リン酸骨格はモデルの外側になければならなかったからである。このことはフランクリンには明らかだったが、化学の専門家ではなかったクリックやワトソンには理解できなかったようだ。

コミュニケーションにおいては、冗長だと考える情報は自然に省略される。幼児がしつこく「なぜ?」と質問してくるのに対応したことがある人なら、自分がしていることの細部まで説明するのがどれほど手間のかかることか知っているだろう。しかし、スキルのレベルが大きく異なる2つのグループがある場合、一方の人にとって明白なことが、別の人には理解できない場合がある。これを「知識の呪い」と呼ぶ。**専門知識があると、知識を当然のこととみなしてしまい、会話している相手の知識を過大評価してしまうのである。**これこそ、多くの一流の専門家が入門的なレベルで良い教師になれない理由であり、また多くの一般向け科学書が、トピックの過度な単純化と難解な部分の間を揺れ動く理由でもある。通常はその分野の専門家である著者は、読者にとって何が明白で、何がわかりづらいかを判断するのに苦労する。

暗黙知や明白な事実は、高度なスキルを学ぶ上での障壁となる。このような障壁は非常に広範なものであるため、一流の科学的活動を学ぶには徒弟制度のプロセスが必要であると主張する人もいる。ハリエット・ザッカーマンが米国のノーベル賞受賞者を調査したところ、半数以上が別の受賞者と徒弟のような関係で仕事した経験があることを発見した。スキルの実行方法を目の当たりにすること、教科書にまだ書かれていない知識に触れること、そして実践的な練習をすることは、最高レベルの業績を残すことの前提条件かもしれない。

もちろん私たちの大半は、ノーベル賞を受賞した科学者や、自分の選んだ職業における超エリートの下で学ぶ機会を得ることはないだろう。それでも、専門家が何を知っているのかを理解する能力は、私たち自身の上達プロセスを加速させる上で不可欠だ。

認知タスク分析：専門知識の抽出

認知タスク分析は、専門家から知識を引き出すために考案された一連の技術である。認知タスク分析は、意思決定の基礎としてどのような知識やスキルが使われているかを解明するという、困難な課題に取り組む。

認知タスク分析の主要な教訓を理解することで、専門家から学ぼうとする際に一般的に遭遇するいくつかの落とし穴を避けることができる。

教訓1：アドバイスではなくストーリーを求める

専門家に話を聞くことは、彼らが何を知っているかを知る最善の方法の一つだ。しかし避けなければならない落とし穴も多い。その一つが、専門家は簡単に教師になることができ、前進するために必要なアドバイスを直接与えてくれると思い込んでしまうことである。暗黙知を説明できると思い込んでいる人は多いが、人は自分自身の認知プロセスを報告することを、極めて苦手としているのである。アドバイスを求めたら、説教が返ってくるかもしれない。本当に聞きたいのは、専門家たちが当たり前すぎて言う価値もないと思っている知識なのに。

この問題を回避する方法の一つは、物語に焦点を当てることだ。クリティカル・ディシジョン・メソッドは、専門家に特に困難だった出来事を語ってもらうことに重点を置いている。**物語を語ることで、意思決定がいつ行われたのか、どのように行われたのか、その結果はどうだったのかといった具体的な詳細に焦点を当てることができる。**一般的なアドバイスやルーチンを尋ねるだけでは、こういった情報はしばしば省略されてしまう。

この手法は、起きる頻度が低く、簡単には観察できない物事にも有効だ。難しい手術、消火活動中の救助、あるいはビジネス上の厄介な意思決定といった状況はめったに起こらないため、物語を思い出すことが、それらの出来事に関する情報を収集する唯一の方法となる可能性がある。

より効果を得るための秘訣としては、物語を語る準備をするジャーナリストのように振る舞うことである。事実を集め、タイムラインを整理し、**意思決定を一つ一つ追っていくことに集中するのだ。そうすることで、「なぜ専門家はここでこのような選択をしたのか」という、フォローアップの質問をするための材料が得られる。**事実に焦点を当てることで、経験から得られたより広い教訓を尋ねるだけでは隠されてしまうかもしれない、物語の詳細を浮き彫りにすることができる。

教訓2：熟達者の解決プロセスを観察する

認知タスク分析におけるもう一つの戦略は、専門家が問題を解決する様子を観察することである。PARI法は、専門家に彼らが直面する典型的な問題を作成してもらい、その問題を他の専門家と交換することに焦点を当てている。他の専門家たちの問題に取り組みながら、考えを声に出してもらうことで、研究者は問題解決プロセスの基本的な流れを調査することができる。問題を解決した後、専門家は自分たちが何をしたのかを再確認することで、さらなる詳細を明らかにすることができる。

専門家が課題を実行する様子を観察し、彼らの選択についてその理由を質問できることは、その背後にある思考を明らかにする上で非常に役立つ。単に話を思い出したりアドバイスしたりしてもらうよう専門家に依頼するのではなく、実際の問題を解決してもらうことに焦点を当てるのには、2つの明確な利点がある。

第1に、実際に問題に取り組んでもらうことで、その文脈の外では思い出しにくい知識を思い出すきっかけになる可能性がある。第2に、問題解決プロセス自体を観察することは、それがどのように行われるのかを学ぶ最良の方法の一つとなり得る。

教訓3：誰が答えを知っているのか把握し、マッピングする

ソシオグラメトリーも、認知タスク分析の手法の一つである。これは、知識をソーシャルネットワークとしてマッピングする方法であり、専門家に特定のトピックについて誰にアドバイスを求めるかを尋ねることから始まる。困難な問題を解決するために必要な知識は分散して存在していることが多いため、すべての答えを知っている単一の専門家を見つけることはほぼ不可能だ。代わりに、役立つ連絡先のリストを作成することが、多くの場合、問題を自分で理解するための最初のステップとなる。

グーグルの検索サービスや、アマゾンで売られている大量の本、無料の公共図書館などがあ

るにもかかわらず、答えを得るための最善の方法は、人に対して「誰が答えを知っているのか」を尋ねることである場合が多い。

「見る」から「実行する」へ

ここまでの4つの章で、問題空間を探索することによる問題解決の方法、認知負荷を管理することの重要性、初期の習得体験がもたらす自己強化サイクル、そして専門知識の暗黙的な性質について議論してきた。

しかし、スキルは観察だけで身につくものではなく、何事も上手になるにはかなりの練習が必要になる。続く4つの章では、練習が学習に果たす役割について論じる。適切な難易度を見つけることの重要性や、スキルは他の分野にも転移するかどうかを示す研究、そして柔軟なスキルを獲得するために多様性が反復よりも優れている理由や、アウトプットの量の重要性まで幅広く取り上げる。

パート 2

実践

:練習から学ぶ

第5章

適度な難しさのスイートスポット

これは、あらゆる種類の練習に共通する基本的な真実である――コンフォートゾーンを超えて自分を追い込まなければ、上達することはない。

――アンダース・エリクソン、ロバート・プール

■難しさが学習に役立つのはいつか？
■まず問題を解くべきか、それともお手本を学ぶべきか？
■練習のループにお手本、実践、フィードバックをどのように統合できるか？

モデルケース：ＳＦ作家の段階的な挑戦

オクテイヴィア・Ｅ・バトラーは、史上最も著名なＳＦ作家の一人である。権威ある文学賞を複数回受賞し、マッカーサー・フェロー【米国のマッカーサー基金による奨学金制度で、

特定のプロジェクトや目的に縛られることなく使えることから「天才助成金」とも呼ばれる】を受けた最初のSF作家でもある。彼女の長編小説はベストセラーリストに載り、全米の大学の授業で教えられている。米国でプロとしてSF作品を書いている黒人女性はバトラーだけという時代があったことを考えると、彼女の成功はさらに注目に値する。

バトラーの文学界における成功は、思いがけないところから始まった。バトラーの父親は彼女が7歳のときに亡くなっており、母親は小学校3年生程度の教育しか受けておらず、家政婦として働くことで生計を立てていた。バトラーは長い間、売れっ子作家に触れてこなかった。作家になれるかどうかさえ疑問だった。「ハニー、黒人に作家は無理よ」と叔母は彼女に言った。

バトラーが執筆を始めたのは10歳の頃だった。そして13歳になったとき、彼女はバスの中で業界誌『ザ・ライター』が捨てられているのを見つけた。その雑誌には、短編小説を出版するための投稿の方法が説明されていた。それから間もなく、バトラーは最初の作品を郵送したが、すぐに最初の落選通知を受け取った。

助けを求めた文芸関係のエージェントが詐欺師で、61ドルを騙し取られたこともあった（それは彼女と母親の家賃1か月分よりも多い金額だった）。バトラーは後に、初期の挫折の日々について、「私は自分が何をしているのか分からなかったし、本当に誰も助けてくれる人がいなかった」と語り、「私にはお手本がなく、自分の作品の何が間違っているのか全く分からなかった。このことは、作家になりたての多くの人々に当てはまる。何が間違っているのか、なぜ拒否され続けるのか分からないのだ」と付け加えている。

それでも、バトラーは書き続けた。彼女の日課は、午前3時に起床し、午前中ずっと執筆してからアルバイトに出かけるというものだった。安定した職を避けることで、バトラーは精神的な自由を得たが、それは経済的な犠牲を伴った。それでも、「私は幸運だった」と彼女は説明している。彼女が最も幸せを感じたのは、行き詰まった仕事をクビになったときだった。それによって、執筆により多くの時間を注ぐことができたからである。

転機となったのは、全米脚本家組合が主催した無料のクラスだった。そこで講師の一人がバトラーに、「クラリオン・ワークショップ」という6週間のセミナーに参加するよう勧めた。バトラーは思い切って参加を決め、長距離バスでペンシルバニアに向かった。

クラリオンで講師を務めた人物のほとんどが、著名な作家だった。彼らは業界を知り尽くしていて、出版されるためにはどのような文章が必要なのかを知っていた。ワークショップに参加した生徒たちは、毎晩新しい短編小説を書くことを強いられ、翌日の授業でそれを分析しなければならなかった。バトラーは最初、この強引なペースに対応するのに苦労した。しかしワークショップが終わる頃には、彼女は最初の作品を売ることができた。

クラリオン参加後、バトラーは短編小説から長編小説に切り替えることにした。短編小説の報酬がわずかだったためだ。出版社からの前払い金が多い長編小説を書くことが、執筆をフルタイムの仕事にするための最善の道だった。しかし、長編小説の長さが彼女を怖気づかせた。バトラーはその際の戦略について、「20ページくらいの短編小説ならいくつか完成させることができたので、最終的に、各章を20ページずつ書いていくことで、長編小説を完成させることにした」と語っている。こうした努力によって、バトラーは初の長編小説『パターンマスター』を刊行することができた。

『パターンマスター』発表後、バトラーは作家としてのキャリアの中で最も多作な時期を迎え、5年間で5冊の長編小説を出版した。3作目までに、彼女はフルタイムで執筆できるだけの収入を得ていた。

4作目の小説では、彼女はより野心的な作品に挑戦したいと考えた。子供の頃、彼女は母親が使用人として働くことを恥ずかしく思っていた。雇い主たちが、彼女の聞こえるところで、母親を軽蔑する言葉で話すことが何度もあったのである。しかし年を重ねるにつれ、彼女は母親のように耐え忍ぶ人々の尊厳に目を向けるようになった。彼女は、南北戦争前の米南部に黒人女性がタイムスリップするという物語を思いつき、現代の考え方と奴隷制度を対比させることで、このテーマを探求するための完璧な舞台とした。

それを書くためには、従来よりもはるかに多くのリサーチと歴史的正確性への配慮が必要だったため、バトラーは前払い金の一部を使ってメリーランド州への旅行を計画し、小説の舞台にしようとしていたプランテーションを訪問した。彼女の努力は報われた。こうして生まれた『キンドレッド』は、バトラーの最も商業的に成功した作品となり、彼女の文学への貢献を確固たるものにしたのである。

上達を左右する難易度設定

バトラーの文学的成長は、徐々に難しい問題に挑戦していくという着実なプロセスだった。彼女の初期の作品は、非常に模倣的だった。「13歳の時に出版に応募した短編小説は、私が関心を持つものとは全く関係がなかった。私は、出版されているものと同じような、30歳の白人男性が酒とタバコをやり過ぎるという話を書いていた」。クラリオンに参加した後、彼女は短編小説から長編小説へと転向した。3つの長編小説を書き上げた後、彼女はリサーチ能力を深めた。その影響は、『キンドレッド』の歴史的背景から、原住民の言語や科学文献からインスピレーションを得た後の作品に至るまで、多岐にわたっている。

徐々に難しい問題に取り組んでいったため、書くことはバトラーにとって決して容易なものにならなかった。彼女は生涯にわたり、創作の行き詰まりと向き合った。強迫的な書き直し癖があり、自身の基準に満たないと判断すると、それまでに書いた文章の大部分を破棄してしま

うこともあった。バトラーが時折自身の執筆に感じていた挫折感は、彼女の個人的な日記にも表れている

しかし私は、常により挑戦的な課題を求めるというバトラーの傾向こそが、彼女の文学的才能を発展させることを可能にしたと主張したい。アーネスト・ヘミングウェイは、作家は「みな決して達人になることのない見習いである」と述べたとされているが、それはバトラーの状況をよく表しているだろう。

この点において、執筆は決して特殊なものではない。物理学者は、学部生を悩ませる教科書の問題を簡単に解くことができるが、彼らの仕事は別に教科書の問題を素早く解くことではない。代わりに、彼らは科学の最先端で最も困難な問題に取り組んでいる。同様に、チェスの達人は初心者を相手にチェックメイトする方法を練習しているのではなく、より手ごわい相手と戦うために深い分析を行っている。

実際、専門知識の無意識性は、私たちが改善しようとしていないスキルを扱っているときに最も顕著に現れるようだ。私たちの多くにとって、**車の運転は完全に自動化された作業となっているが、それは運転技術に関して解決すべきより深い問題がないからではなく、私たちがそれらを解決することに関心がないからである。**段階的な問題解決は、たとえそれが時として私たちのパフォーマンスを損なわせるものだったとしても、熟練のためには不可欠だ。

困難が望ましいのはいつか?

これまでの章で見てきたように、困難さを増すことは、常に有益であるとは言えない。問題が問題空間のあまりにも外側にある場合、それを探索するための方法があったとしても、その解決が不可能になることもある。たとえ解決策に到達できたとしても、手段目的分析による余分な認知負荷が、再利用可能なパターンを認識するのを妨げる可能性もある。そして専門家が持つ暗黙知は、直接的なアクセスと観察なしでは抽出するのが難しい。

しかし研究者たちは、すべての困難が無益というわけではないことを発見した。心理学者のロバート・ビョークとエリザベス・ビョークは、より困難な練習が、より簡単な努力よりも大きな上達につながる場合の条件を研究した。そのような「**望ましい困難**」**の一つは、情報を再取得する際、それを単に見返すのではなく、記憶の中から情報を検索することを伴う努力である。**実際に、手順やアイデアを上手く思い出すことは、それを繰り返し見ることよりも記憶を強化する。それこそ、フラッシュカードがテスト勉強に非常に優れたツールである理由だ。単にノートを読み返すだけというのは、将来それを思い出す能力を向上させるという点では、はるかに効率が悪い。

もう一つの望ましい困難は、間隔を空けた練習だ。同じことを何度も続けて練習すると、パフォーマンスは急速に向上するが、忘れるスピードも同じように上がる。学生の間で一夜漬けが人気なのにもかかわらず、勉強法として望ましくないのはそれが理由だ。一夜漬けをすれば、試験前に一時的に頭の中を満たすことができるが、試験会場を出る前にほとんど忘れてしまう。より良い戦略は、復習の間隔を空け、毎日少しずつ行うことだ。それにより、同じ時間でもより大きな効果が得られる。

なぜ困難が役に立つのだろうか？　その理由の一つは、脳が非常に優れた「努力節約マシン」だからだ。問題を見ただけで解決パターンにアクセスできる場合、答えを記憶に保存する必要はない。同様に、短期間に何度も同じ問題に接すると、その答えが一時的にしか必要ないと脳が判断し、すぐに忘れてしまう可能性がある。どの知識が必要かについてのヒントがあると、脳はそのヒントがないときに比べて、情報を取り出すのに必要な努力を節約できてしまうのだ。

練習ループをつくる

望ましい困難は、練習における「見ること」と「行うこと」の間に緊張関係があると示唆している。問題解決のためのパターンを見る機会がなければ、私たちはそれを自分で編み出さなければならない。最良の場合でも、これには追加の認知負荷が伴う。最悪の場合には、有用な戦略を学べないかもしれない。逆に、常に何の苦労もなくヒントにアクセスできる場合は、教訓を内面化できない可能性がある。

この緊張を解消する一つの方法は、「お手本を見る」「問題を解く」「フィードバックを得る」という3つの要素を組み合わせて、練習のループをつくることである。このループを繰り返し循環させることで、学習を成功させる3つの要素がすべて利用できるようになる。

熟達した人が同じ問題をどのように解決したかを研究することで、様々な選択肢から課題解決のためのサンプルを得ることができる。お手本を見ることは、新しいスキルを身につけるための最初のステップだ。

次に、練習しようとしているスキルを実際に行う必要がある。「見る」ことは「行う」ことの補助になるが、決してそれに取って代わるものではない。スキルを習得するには、能動的に使っていない知識を定着させることを避けるという、脳の省エネ傾向を克服する必要がある。研究によると、学習者は範例を使用する必要のある問題に遭遇するまで、それを熱心に勉強しない傾向があることがわかっている。**範例と練習問題を交互に繰り返すことで、重要なポイントを流し読みしてしまうのではなく、注意深く学ぶことができる。**

最後に、自分のアウトプットの質について、正確なフィードバックを得る必要がある。この点は、執筆のようなスキルにとって明らかなハードルとなる。バトラーは、自分が作品の中でどのような間違いを犯しているかを教えてくれる質の高いフィードバックがないために、何年も苦労した。機会があれば、バトラーは積極的に自分の作品についてフィードバックを求めた。全米脚本家組合のクラスでは、彼女は教師の一人であったシド・スティーブルからフィードバックを得た。

スキルが上達するにつれて、練習のループをより難しくすることができる。知識の蓄積が増えるにつれ、例を見ることは徐々に減り、自身の知識を使って問題に取り組むことが多くなる。より複雑な問題を選ぶことも可能になり、大規模なプロジェクトによる認知負荷にも対応できるようになる。そして洗練された直観を持つようになるにつれて、外部からのフィードバックよりも自己評価の役割が大きくなる。練習ループは、難易度を最適化する機会を提供するのである。

難易度を微調整するための戦略

スキルを上達させるためには、最適な難易度の課題に取り組む必要があるという考え方は、多くの学習理論の中心となっている。ロシアの著名な心理学者レフ・ヴィゴツキーは、人は他者の支援を受けてできることと、自分一人でできることの間にある「発達の最近接領域」を通して学習すると提唱した。

また認知負荷理論の提唱者たちによる「熟達化反転効果」は、初心者の学習を容易にする変更が、学習が進むにつれて役に立たなくなることを証明している。**最終的には、学習者が不確かな文脈の中で知識を探索する方が、さらなるお手本を見るよりも有益になるため、介入がマイナスになる可能性がある。**習熟のためには、段階的に問題解決の難易度を上げていくことが必要なのだ。

挑戦のレベルを最適化することの利点については誰もが同意するが、それを達成するのは難しい場合がある。適切な難易度を見つけることは容易ではないものの、それを助けるための戦略がいくつかあるので見ていこう。

戦略❶：ワークショップ法

バトラーは、クラリオンや他の場所で参加したワークショップ環境が、自身のスキルの発展に大きな影響を与えたと評価している。「ワークショップは読者を借りるようなもので、自分が伝えたいと思っていることを本当に伝えられているか確認できる。若い作家は、実際には明確に伝わっていないのに、極めて明確に伝えられたと思い込みがちだ」。

ワークショップ環境は、特に経験豊富な講師が指導する場合、練習ループを行う絶好の機会となる。毎日新しい物語を書き、仲間の物語を読み、それらをすべて授業で比較・分析するというクラリオンでの経験により、バトラーは良いＳＦ作品の型をより早く吸収することができた。それは創造性を阻害するどころか、初期の作品で見られた表面的な模倣ではなく、独自のビジョンを追求するための余地を彼女に与えた。

ワークショップ環境は強制メカニズムとしても機能する。バトラーは自分の作品を出版のために提出するのをためらうことはなかったが、多くの作家は批判を恐れ、フィードバックを得るのを躊躇する。バトラーは「落選通知を受け取ることは、自分の子供が醜いと言われるようなものだ。あなたは怒り、その言葉を一言も信じないだろう」と述べている。作品がファイルフォルダの中で埃をかぶるままになり、誰の目にも触れないという「机の引き出し症候群」に陥りやすいのだ。そうした自尊心を守るための行動は、落選の痛みを軽減するかもしれないが、同時に停滞をもたらすものでもある。

戦略2：模倣・穴埋め・創造

模範解答を写すことは、学習において過小評価されている戦略である。しかし、意味のない模倣を批判する人たちの意見も一理ある。解決策がなぜ上手くいくのかを理解せず、切り貼りするのは簡単だからだ。模倣で上手くいかなかった場合の策の一つは、穴埋め問題を使うことである。完成された例題を学習する代わりに、例題の１つまたは複数の部分を省略して空欄を埋めていくのだ。

ヨルン・ファン・メリエンボアは、穴埋め問題が初心者のプログラミングスキルの習得を加速させるのに役立つことを発見した。**重要なステップを削除することで、学生は解決策を理解するために精神的に取り組むことを余儀なくされ、適度な負荷をかけられる。**それでいて、完全な答えを作成しようとすることによるワーキングメモリの過負荷も避けることができる。

クローズテストは、言語学習の愛好家が提唱する同様の戦略だ。そこでは、文章の空欄を埋める形式のフラッシュカードを作成する。それにより、単語を孤立させて学習する問題（単語を本当に理解するために必要な文脈が省略されてしまうことが多い）を回避し、かつ、文章全体を覚えなければならないという問題も回避できる。

もちろん最終的な目標は、模写したり穴埋めしたりすることではなく、頭の中に蓄えた知識を使って解決策を生み出すことだ。そのため、穴埋め問題は連続的に捉えるべきである。最初は単に例題を勉強し、次に空白を埋め、最後に様々な文脈において、自分自身で例題を生み出すことを目指すのである。

戦略3：足場かけ

建築において足場とは、建物が完成する前に、その建設を補助する一時的な構造物のことを指す。それを比喩として、**学習における足場かけとは、問題状況を間接的に修正して自由度を減らすための手法を意味する。**たとえば外国語の会話において、特定のフレーズや文法パターンを使うという制約を設けて会話することは不自然に見えるかもしれないが、自由に外国語を使って会話を練習する場合に比べて、ワーキングメモリの負担を軽減できるのである。補助輪は、自転車の初心者がハンドルの操縦に慣れるまで転倒を防ぐ、教育における足場の一種だ。赤ちゃんに対して誇張した表現で話しかける、いわゆる「マザリーズ（母親語）」も、親が幼児の言語習得を助けるために本能的に使用する足場の一種と言えるかもしれない。

マーリーン・スカーダマリアとカール・ベライターは、作文指導の研究において、生徒がいま書いた文章を自分で評価できるチェックリストを提供することで、より専門家に近い作文プロセスを彼らから引き出せることを発見した。それぞれの文章の後に、「読み手はこの文章を信じないかもしれない」や「もっと明確に表現できると思う」といった選択肢の中から評価を選ばせることで、通常は高学年になるまで見られないような、内省的な作文プロセスを実行させることができたのである。

足場かけは、難しい問題の一部を単純化することで機能する。もしくは、作文の事例での介入が示すように、思考の道筋を補助輪のように加えることで機能するものもあり、難易度の調整に役立てることができる。

あなたの練習ループは？

作家、プログラマー、アスリート、そして親として、私たちが成長できるかどうかは練習の質にかかっている。お手本を見て、問題を解決し、フィードバックを得るというプロセスを練習ループに組み込むことで、私たちは重要なスキルを向上させられる。そのプロセスにおいて、難易度の微調整は不可欠な要素だ。

次の章では、スキルを練習する中で実際に何が発達するのかを見ていく。私たちが学ぶスキルは、驚くほど限定的なものなのだということを知ってもらおう。

第6章

スキルは簡単には転移しない

あるタスクで筋肉を強化すると、別のタスクでのパフォーマンスも向上する。心はそうはいかず、その意味で、心が筋肉ではないことは明白だ。

――ジョン・アンダーソン、マーク・シングリー、心理学者

- 脳のトレーニングは有効か？
- チェスや音楽、プログラミングを学ぶと頭が良くなるのか？
- 複雑なスキルを構成する要素は何だろうか？

モデルケース：脳トレはあらゆる能力を高めるのか？

２０１６年１月、ルモス・ラボ社は、脳トレーニングプログラム「ルモシティ」で顧客を欺いたという米ＦＴＣ（連邦取引委員会）の告発に対し、２００万ドルの罰金の支払いに応じるこ

とで合意した。FTCの訴状によると、同社は、特別に設計されたゲームに「週3〜4回、10〜15分」参加することで、「仕事や学校でのパフォーマンスが向上し、加齢やその他の深刻な健康状態に伴う認知機能の低下を軽減または遅延させることができる」と主張していた。また同社は、自社の製品が「学校、職場、または運動競技におけるパフォーマンスを向上させる」、「加齢に関連した記憶またはその他の認知機能の低下を遅らせる、または防ぐ」などと示唆することを禁じられた。

ルモシティのような脳トレプログラムが人気を集めるのは容易に理解できる。知的能力は、ほぼすべての人にとって人生の成果と相関している重要な要素だからである。たとえわずかな知的機能の向上であっても、貴重な時間を投じるのに見合う価値があると言えるだろう。

しかし残念なことに、脳トレに効果があるという証拠はほとんどない。エイドリアン・オーウェンらは、1万1430人という驚異的な数の被験者が参加した6週間の認知トレーニング実験の結果、被験者は練習したゲームに対して上達が見られたものの、「練習していないタスクへの転移効果の証拠は見られなかった」と結論づけた。モニカ・メルビー・レルヴァグらは、87の研究結果をメタ分析で集約し、「ワーキングメモリのトレーニングプログラムは、短期的で特定のトレーニング効果をもたらすようだが、そうした効果は日常生活で使う認知能力には広がらない」と結論付けている。脳トレは、プレイしたゲームの上達をもたらすかもしれないが、それ以外の効果はほとんど期待できないというわけだ。

スキルを転移させる条件

脳トレは、心を筋肉に喩えるという魅力的なアナロジーによって正当化されている。ウェイトトレーニングが腕を強くし、荷物を運ぶ際に役立つように、激しい精神活動もまた、さまざまなタスクのために心を研ぎ澄ますことができると考えられている。思考力を強化するためにデジタルゲームをするという発想は目新しいものだが、実は心と筋肉のアナロジーは古代から存在している。

プラトンは『国家』の中で、算術の訓練は、たとえそれが使われなかったとしても、他の種類の知識に対して心を鋭敏にすると主張した。このアナロジーは、英国の哲学者ジョン・ロックが提唱者とされることの多い、「形式陶冶《とうや》」の教義の基礎となった。この教義は、教育は直接教えるスキルだけでなく、精神能力全般を向上させられるという点にその価値がある、と主張する。ラテン語を学ぶと、学習した単語だけでなく、あらゆる種類の知識に対する記憶力を向上させるという。同様に、幾何学は推論能力を高め、詩は感性を養い、絵画は正確さを促進するというわけだ。

1901年から、心理学者のエドワード・ソーンダイクとロバート・ウッドワースは、あるスキルの練習によって引き起こされる向上が他のスキルにどの程度転移するかを調べるため、一連の実験を行った。ソーンダイクは、幾何学とラテン語を学ぶことは、他の一般的な教科と比べても、他の分野の成績を向上させることはないと結論付けた。小さな長方形の大きさを推定することを学んだ被験者は、大きな長方形の大きさを推定する能力が3分の1しか向上しなかった。英語の動詞を検出する能力を大幅に向上させた被験者は、他の品詞を認識する能力においてほとんど改善を示さなかった。

形式陶冶が広範な効果を主張したのとは対照的に、ソーンダイクは、共通要素に基づく転移という理論を主張した。**能力の向上は、それらの能力が重複する要素を共有している限りにおいて転移する、**というわけである。ソーンダイクは、「心は無数の独立した能力に特化しているため、私たちが本性を変化させられるのは、小さな部分だけだ」と結論付けた。

記憶力を強化するためにラテン語を学ぶことは、今日では時代遅れに思えるが、形式陶冶の教義は決して過去の遺物ではない。戦略的思考力を養うためにチェスを学ぶべきであるとか、創造性を高めるために音楽を教えるべきであるとか、プログラミングがあらゆる面での問題解決能力を養うなどといった主張が行われるたびに、この教義は暗黙のうちに呼び起こされている。

ジョバンニ・サラとフェルナンド・ゴベは、チェスと音楽の指導が一般的な認知能力に及ぼす影響についてメタ分析を行った。すると数学的推論能力や学力の向上には、わずかな効果しか認められなかった。実験が厳密に行われた研究だけを考慮すると、「全体的な効果の大きさはごくわずかか、ゼロだった」。同様に、プログラミングも問題解決能力を向上させることはないようだ。ある研究の著者は、「コンピュータープログラミングを教える根拠として、批判的思考、問題解決、意思決定のスキルを養うのに役立つというのが挙げられることがあるが、この主張は、実証データによって裏付けられていない」と説明している。つまり、脳トレであれ、チェスであれ、プログラミングであれ、結果は同じようだ。訓練は直接練習したタスクを上達させるが、他の分野に大幅な改善をもたらす証拠はほとんどないのである。

一つのスキルの練習が広範囲に大きな効果をもたらすとは考えにくいが、あるスキルから別のスキルへの上達の転移は、教え方によって左右されるとの指摘もある。チャールズ・ジャッドが行ったある実験では、少年たちに水中の的を狙ってダーツを投げる練習をさせた。その際、あるグループには光の屈折の原理を教え、別のグループには教えないようにした。どちらのグループも最初の的を狙うときは同じような成績だったが、的の深さが変わったとき、光の屈折の原理を知っているグループの方が新しい課題にうまく適応した。

同様に、ゲシュタルト心理学者のマックス・ヴェルトハイマーは、スキルの転移の程度は問題の捉え方によって決まると指摘し、平行四辺形の面積を求めるという課題を例に挙げた。答えが底辺×高さであることを暗記するのは可能だ。しかし、もし生徒がその方法の背後にある論理を理解していれば、それをより広い範囲の図形に応用することができる。理解は丸暗記よりも柔軟なスキルにつながるのだ。

「答えを暗記すること」と「方法を理解すること」、どちらでも問題を解決できるかもしれないが、後者の方がはるかに柔軟だ。ヴェルトハイマーとジャッドの実験は、転移を予測するには、学習者の心の中でそのスキルがどのように表現されているかを考慮しなければならないことを示した。

スキルの構成要素とは何か？

心理学における認知革命が起こると、研究者たちは、自分の理論を情報処理の言語で表現し始め、コンピューター上でシミュレーションできるモデルを作り出し、被験者のパフォーマンスと直接比較するようになった。そうした理論の中で、スキル習得プロセスをモデル化するための最も本格的な試みの一つが、ジョン・アンダーソンが生涯にわたって研究した、ACT－R理論である。

ACT－R理論によると、スキルは「プロダクションルール」と呼ばれる単位で構成されている。プロダクションルールとは、条件と行動を組み合わせた「if-then（もし〜の場合は〜）」パターンのことだ。たとえばヴェルトハイマーの問題に登場した、平行四辺形の面積を解くテ

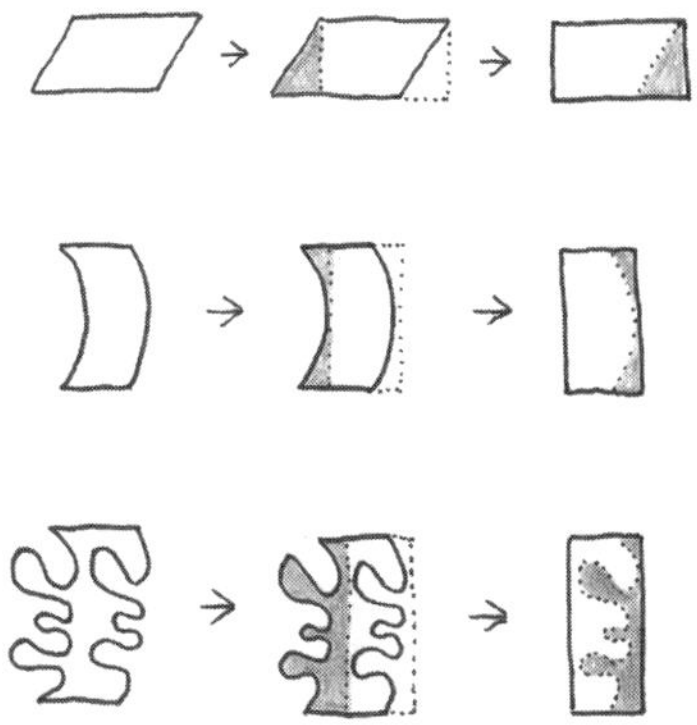

平行四辺形の面積は図形を垂直にカットし、左側を右側に移動させて馴染みのある長方形に変形し、「たて×よこ」で求めることができる。このトリックを正しく理解すれば、一番下にある非常に不規則な図形を含め、同じ「抽象的な性質」を持つ図形に転用できる。

クニックは、「もし左辺が右辺と合同であれば、図形をカットし、右辺をずらして長方形を作る」というプロダクションルールで記述できる。

プロダクションルールは、刺激と反応の結びつきの単純さを継承しているが、2つの重要な違いがある。1つ目は、プロダクションルールは「抽象的」であるという点だ。前述のプロダクションルールには「左辺」という言葉が登場するが、それは特定の図形を指しているわけではない。同じように、長除法【大きな数を小さな数で割るときに使う計算方法で、段階的に商と余りを求めていくもの】のアルゴリズムを一度学べば、どんな数字に対しても実行できる。すべての数字の組み合わせについて別々に練習する必要はない。

2つ目の違いは、プロダクションルールが行動だけでなく、精神的な活動も含んでいる点である。複雑なスキルは、サブゴールを設定したり、想像上の内容を操作したりするなど、複数の心理的なステップに分解することができる。その結果、2つの問題が表面的に異なっていても、解決策に共通の心理的ステップがあれば、転移が起こり得るのだ。

こうした「抽象化」と「精神的な活動」という点は、あるプログラミング言語を学んだプログラマーが、なぜ2つ目の言語をはるかに速く習得できるのかを説明するのに役立つ。それぞれのプログラミング言語におけるコマンドの正確な形式は異なるが、コーディングのような複雑なスキルには、変数や関数を作るといった、より抽象的なプロダクションルールも含まれている。

同様に、アーティストや音楽家は、新しいメディアや楽器を未経験の初心者よりも早く習得できることがよくあるが、それは彼らの知識の多くが抽象的であるためだ。ピアノを弾く指の動きはバイオリンとは全く異なるが、タイミング、メロディー、楽譜を読む能力は同じである。プロダクションルールは、転移に関するソーンダイクの極端に狭い見解と、心と筋肉のアナロジーが示唆する、過度に楽観的な見解との中間に位置するものだ。

プロダクションルールはどの程度転移を予測できるのだろうか？　アンダーソンは、異なるスキルを学生に習得させることで、彼の理論を検証した。彼の理論では、新しいスキルを習得する速度は、スキル間で共有されるプロダクションルールの数（および個々のプロダクションルールの学習度）に依存すると予測している。全体として、観察された転移と予測された転移の関係は、ほぼ完全にイコールだった。

抽象化の力と限界

プロダクションルールは、あるスキルにおける練習が、別のスキルにどの程度転移するかを予測するための説明を提供する。しかし、たとえ2つの問題に共通の解決策がある場合でも、私たちは必ずしもその類似性に気づけるわけではない。

類比的な知識や技能を使いこなせない例の一つとして、ウェイソン選択課題（4枚カード問題）が挙げられる。このパズルでは、被験者に「もしカードの一方の面に母音が書かれていれば、反対側の面には偶数が書かれている」というルールが与えられる。そしてK、E、4、7のカードを見せられ、いまのルールが正しいかどうかを確認するために、どのカードを裏返す必要があるかを尋ねられる。あなたならどのカードを選ぶだろうか？

最初の研究では、被験者のほぼ半数が、誤ってEと4を選んだ。正解はEと7である。Eの裏面が奇数であればルールに

ウェイソン選択課題：「一方の面に母音が書かれているカードは、反対の面に偶数の数字が書かれている」というルールが正しいことを確認するためには、どのカードを裏返さなければならないか？

違反するが、偶数の反対側に子音があってはいけないというルールはない。むしろチェックすべきは7で、それは母音が反対側にあればルール違反になるからだ。正しい選択をした被験者はわずか7%だった。

この問題と同じ構造と解決策を持った、別の問題についてはどうだろうか。あなたは未成年の飲酒を取り締まるために、バーを調査している検査官だ。バーには老人、ティーンエイジャー、牛乳を飲んでいる人、ビールを飲んでいる人がいる。「21歳未満の人はアルコールを飲んではいけない」というルールが守られているかどうかを確認するために、誰の身分証明書または飲み物を確認する必要があるだろうか？　明らかに、ビールを飲んでいる人とティーンエイジャーをチェックする必要があると分かるだろう。

これらの2つの問題は、同じ構造と解決策を持っている。なぜ最初の問題は多くの人が正解できないのに、後者は簡単なのだろうか？　一つの説明は、私たちは社会的な状況において規範を扱う経験から、ルール違反を検出する能力を持っているというものだ。そのため、法の執行という観点で問題が提示されると正しい解決策を見つけることができるが、構造的に同一であるはずのカード分類課題を解く際には、この能力が活性化されないのである。

似た課題間で転移することの難しさは、実験室で考案された問題に限ったものではない。心理学者スティーブン・リードは、代数の授業を受けたが文章題は練習していない学生が、模範解答と新しい問題を与えられた際にどのように取り組むかを研究した。模範解答と問題が同じストーリーと解決構造を共有している場合、学生は良い成績を収めた。しかしストーリーの内容が異なる場合、成功率は低下した。文章題はほとんどの学生にとって難しいものであり、それに対処するための主な戦略は、異なる問題の共通点とその適切な解答を暗記することのようだ。

これは、ほとんどの代数の教師が目指す目標とはかけ離れている。学生が教科書で使われるような型にはまった問題だけでなく、代数が必要な現実の問題にもスキルを容易に適用できるようになることを、教師は望んでいるはずである。だが残念ながら、現実の世界で自発的に代数のスキルを適用することは、文章題で適用するよりも難しいのが一般的だ。文章題のテストの場合、代数の授業を受けていること自体が、どのような知識が必要なのかを示す非常に強力なヒントになるからである。教室の外で代数学が必要とされる問題に遭遇しても、代数を使うべきだというヒントが提示されることはほとんどない。

数学者であり哲学者でもあるアルフレッド・ノース・ホワイトヘッドは、教育における「不活性な知識」の問題、つまり広範に適用できる可能性があるにもかかわらず、活用されないままになっているアイデアや方法の存在を嘆いた。たとえ知識が潜在的に問題解決に利用可能であっても、私たちはそれを活用しないことが多いのである。

正確なスキルの実用的な結果

転移に関する研究は、特定のスキルを学習することで広範な利益を得られるという期待をあまり抱かない方が良いと示唆している。チェスを学ぶことから最も合理的に予測できる結果は、チェスが上達することだ。時間管理の方法や対戦相手の力量を見極めることを学べるといった点で、似たようなゲームをプレイする際に多少の利益はあるかもしれない。しかし学んだことのほとんどは、チェスに特化したものである可能性が高い。

数学のように、抽象的な構造が他の多くの具体的な課題に広く応用できる科目は、より多くの場面で役立つかもしれない。しかしここでも、数学の完全な汎用性は必ずしも達成されていない。多くの学生が、身につけた数学を日常生活において自発的に適用することに失敗している。

とはいえ転移に関する研究は、私たちが他者に見出す広範な能力が、無数の小さな要素から構築されていることを明確に示している。ある言語を流暢に話すためには、多くの単語やフレーズを知っている必要があるように、賢い思考もまた、具体的な事実や方法、関連する経験を大量に持つことによって構築される。ここで先ほど議論した研究から導かれる、3つの実践的な結論を整理したい。

結論1：上達しようとする課題に集中する

スペイン語を流暢に話すことや、プログラミング言語のパイソン（Python）を使いこなすことのような広範な能力は、実際にははるかに小さな単位の知識とスキルの集まりだ。ある科目の中で転移が起きる可能性は、確かにゼロよりは大きいが、通常は100％未満である。すでに見てきたように、ある文型を生成する能力が、それを理解する能力に必ずしもつながるわけではない。したがって大きな目標を、より具体的なタスクに分解することは理にかなっている。

スペイン語でスーパーマーケットへの行き方を質問できるようになることは、流暢に会話できるようになることに比べればはるかに控えめな目標だが、後者の「流暢な会話」は単に、より具体的なタスクでの成功の集合体に過ぎないと考えるべきだ。

そして結局のところ、経済学や物理学のような科目の価値は、一般的な思考力を強化してくれることにあるのではなく、お金や運動に関する具体的な問題に対処するための知的ツールを与えてくれることにある。ここでも私たちは、できるようになりたい課題に目を向け、それを実践する機会を十分に確保しなければならない。

結論❷：抽象的なスキルには多くの具体例が必要

転移に関する研究は、スキルの教え方における2つのスタンスについて、ある種の緊張関係が存在することを示唆している。

一方では、応用の幅を最大限に広げるために、できるだけ一般的な形でスキルを教えたいと考える。たとえば、学生がある方程式を代数の授業で教わり、それを後に物理の授業において応用する場合、逆に同じ方程式を物理の授業で教わって代数の授業において応用する場合よりも、それを上手く行うことができた。その一つの説明は、代数の授業が意図的に抽象的にされているため、学生がそれを手掛かりにして、より広く応用できるようになるというものだ。

その一方で、抽象的なスキルは、それが新しい状況に適用できることを認識できない限り、活性化されないままになってしまうかもしれない。詳細な内容を避けると、多くの必要な具体性が省略されてしまいかねない。それが、新卒の大学生が仕事で何か役に立つことをする前に、より具体的なトレーニングを必要とする理由の一つである。

一つの解決策は、多くの例を提供することで、学習者が具体的な事柄に固執するのではなく、原則を一般化する可能性を高めるというものだ。ほとんどの学習者は、ある方法や考え方を完全に理解するために、一度限りのデモンストレーションではなく複数の例を見る必要がある。

抽象的なスキルを実践で役立てるためには、さらなる訓練が必要なことも多い。コンピューター科学の授業でその概念を学んだ人は、職場で行われる特定のソフトウェア開発プロジェクトでそれを応用するために、追加の知識やスキルを必要とするかもしれない。過去のスキルと新しい知識の関連性を指摘することで、応用の難しさを補い、学習を加速させることができる。

結論3：学ぶもの自体を目的として学ぶ

本当に学ぶ価値のあるスキルには、汎用的な精神の強化などという、偽りの約束を必要としない。チェスは豊かな歴史を持つ素晴らしいゲームだ。その複雑さをマスターするのに、ビジネス戦略の策定にも役立つという正当化は必要ない。音楽を鑑賞するのに、マーケティングキャンペーンに関するブレインストーミングの能力を高めるという追加の価値は必要ない。本質的なメリットが疑わしい活動を無理にしようとするのではなく、それ自体に関心のあるスキルやトピックに専念するほうが望ましい。

「心は筋肉」という比喩を捨てる

すべての比喩は、ある側面を明らかにすると同時に、別の側面では誤解を招く。「心は筋肉のようなもの」という比喩も例外ではない。スキルは確かに練習によって強化されるので、この意味では比喩は正しい。しかしこの比喩が誤解を招くのは、あるタスクでの強化が、多くの無関係なタスクにおける一般的な精神力の強化につながるという示唆である。

「算数や文法、翻訳における能力の向上が、他のすべての能力や力に転移するわけではないと考えられることは、教師を落胆させるかもしれない」と、エドワード・ソーンダイクは1世紀以上前に書いている。「だが本当に落胆すべきは教師が、ある精神機能が他の精神機能を向上させるという間違った考え方に基づいて、誤った教材や賢明でない方法を選択してしまうことである」。

心は筋肉ではないかもしれないが、私たちはそれでも、学んだスキルを可能な限り広く応用できるようにしたいと考えている。次の章では、柔軟なスキルを習得するための最も有望なアプローチの一つである「多様性練習」について見ていこう。

第7章

反復の上の多様性

私は以前、「ジャズミュージシャンはどうやって即興で音を奏でられるのだろう？」と思っていた。それがどれほどの知識を必要とするのか、全く知らなかったのである。当時の私にとっては、まるで魔法のようだった。

――カルヴィン・ヒル、ジャズベーシスト

■ どうやって即興力を身に付けられるのか？
■ 多様性練習はどのようにして柔軟な思考につながるのか？
■ 多様性練習が反復練習よりも役に立つのはいつか？

モデルケース：ジャズ奏者たちが磨いた即興力

1940年代初頭、ハーレム地区にあるミントンズ・プレイハウスの2階で、新しい音楽が誕生した。当時、セロニアス・モンクやチャーリー・クリスチャン、ディジー・ガレスピー、チャーリー・〝バード〟・パーカーといったミュージシャンたちが、月曜の定休日（当時の演奏者の慣習だった）に、互いに演奏し合っていた。この新しいスタイルは、後にビバップとして知られるようになる。ビバップは、そのころ全米のダンスホールを席巻していたスウィング・ミュージックに対する反動だった。スウィングジャズは大編成のバンドで演奏され、足でリズムを取りやすいメロディーがあらかじめアレンジされていた。それとは対照的に、ビバップは数種類の楽器に限られ、複雑なコード進行とリズムで演奏される即興ソロが重視されていた。有料公演ではさまざまな制約があるが、休日で制約から解放された演奏者たちは技術と創造性を競い合い、名人芸的な演奏を披露することができた。ビバップがジャズに与えた影響は計り知れない。複雑な素材を即興で演奏する能力は、現在ではジャズの重要な要素とされている。

即興演奏能力は、ジャズの起源であるアフリカ系アメリカ人の音楽文化において、長年大切にされてきた。そして即興演奏スキルを重視する文化は、そのまま新しいジャズへと受け継がれていった。早くも1944年には、チャーリー・パーカーがタイニー・グライムスのクインテットのレコーディング中に、同じ曲の異なるテイクにおいて、それぞれユニークなソロを即興で演奏している。マイルス・デイヴィスは、ソロ中にトランペットのバルブが動かなくなった際にも、即興演奏の能力の高さを示した。彼は動揺することなく、出せなくなった音を新しい音楽的制約として扱い、演奏を続けたのである。

自発性を、規律の欠如と混同すべきではない。トランペット奏者のウィントン・マルサリスは「ジャズというのは、単に『まぁ、こんな感じで演奏してみようか』というものではないんだ」と述べている。「それは伝統から受け継がれた、非常に構造化されたもので、多くの思考と研究が必要になる」。

経験豊富な演奏者は、ジャズを言語に例える。無限の表現力を持ちながら、厳格な語彙と文法のルールがあり、表現が支離滅裂になるのを防いでいる。サックス奏者のジェームス・ムーディは、間違った文脈で演奏される音を「平和な街並みの中で、突然叫び声をあげるようなもの」と例えている。同様に、マイルス・デイヴィスはかつて、若いロニー・ヒリヤーが即興ソロ中にバンドと衝突した際、コードを知らなかったとして叱責した。

即興演奏を学ぶことは、ジャズミュージシャンを目指す人にとって大きな挑戦となる。複雑なコード進行やリズムを楽器で完璧に演奏する能力を身につけながら、常に同じフレーズを繰り返さない柔軟性を維持するにはどうすればよいのだろうか？　ミントンズ・プレイハウスから数十年後、意欲的な演奏者たちは、即興演奏能力を習得するために様々なテクニックを用いてきた。これらのテクニックの多くに共通する重要な特徴は、**練習の効果を高めるために多様性を利用することだ。同じスキルを様々な順序で活用すること、同じ概念を様々な例で観察す**

ること、そして**様々な表現を通して課題について考えること**は、流暢な演奏だけでなく、創造的な表現においても不可欠なものとなる。

文脈干渉：練習を予測しにくくする

多様性を生み出す最初の方法は、単にセッション内で練習内容を混ぜることだ。ジャムセッション（即興演奏）はこの種の多様性を明確に体現しているが、多くのジャズミュージシャンは、より構造化された練習の中でも体系的な多様性を適用してきた。たとえば、スケール（音階）の練習のような単純なエクササイズでも、単に転回させるだけでなく、可能な限りの音程やコードの組み合わせを探索することで、無限のバリエーションを生み出すことができる。

トロンボーン奏者ジミー・チータムのワークショップに参加した生徒は、可能な限り多くの組み合わせを試すことで、「すべての可能性を出し尽くす」ようにチータムがアドバイスしたと説明している。トランペット奏者のヘンリー・〝レッド〟・アレンは、様々な速度で再生されるレコードに合わせて演奏することで、すべてのキーで演奏できるようになった。速度の異なる様々なピッチに対応するため、同じ基本的な音源からより多くのバリエーションを得ることができたのである。**同じセッションの中で複数のスキルを練習することは、柔軟性を維持するのに役立つのである。**

同じセッションで複数のスキルを練習していると進歩が遅く見えるため、軽視されてしまうことがある。だが、心理学者のウィリアム・バティグは1965年、学習項目間の干渉が大きくなり、成績が悪化するような訓練条件では、逆に新しいタスクの学習が加速するという観察結果を発表した。記憶を研究する心理学者にとって、学習項目間の干渉は学習における大きな障害と見なされていた。そのためあるタスクにおけるスキル間の干渉を増やすことが、別のタスクにおけるパフォーマンスを向上させるかもしれないという観察結果は、多くの人々を驚かせた。

ジョン・シーとロビン・モーガンは、バティグの初期の観察を運動技能にまで拡張した。彼らは実験を行い、被験者に対し赤、青、白の3色の表示灯に反応して、テニスボールを使って木製バリケードを素早く倒すように指示した。彼らは訓練を2つのグループに分けた。最初のグループには、一度に1つのシーケンス（色）を訓練するという、ブロック練習のスケジュールが与えられた。2番目のグループに与えられたのはランダム練習のスケジュールで、彼らは3種類のシーケンスすべてを、ランダムな順序でトレーニングした。規則的なブロック練習を行ったグループは、もう一方のランダム練習、すなわちより大きな文脈干渉【異なる学習課題や情報が近接して提示されることで、それぞれの学習や記憶の定着が妨げられる現象】がある条件下で練習したグループよりも、上達が速かった。しかしその後、両グループに新しい2つのシーケンス（黒と緑）を練習させてみると、ランダムに練習をしたグループの方が新しいスキルをより速く習得した。この効果は、10日後に行われたテストでも一貫して見られ、多様性練習の利点が比較的持続することが示唆された。

多様性を取り入れた練習はなぜこのようなメリットをもたらすのだろうか。考えられる説明の一つは、それは学習者が、どの行動を取るべきかを決定するプロセスを発達させるのに役立つというものだ。規則的なブロック練習の場合、個々の学習パターンを習得しやすくなるが、練習内容が極めて予測可能であるため、どの行動を取るべきかを決定するプロセスは発達しない。この見解を裏付ける証拠は、練習の中に異なる動きの選択（たとえばどんな音を演奏するか）が含まれる場合の方が、同じ動きを様々な強度で実行する場合（たとえば同じ音を異なる音量で演奏する）よりも、ランダム練習のメリットが大きくなることを示す研究結果から得られている。これらの結果は、多様性練習が支援するのはどの行動を取るかを選択するプロセスであり、それらの動きの微調整ではないという見解を支持している。

変化に富んだ練習の価値は、運動スキルに限定されるものではない。同様の効果は第二言語学習でも見られており、たとえばスペイン語の活用形を練習する際、複数の活用形を複数のセッションにわたって練習した場合、より良く知識が定着した（ただし活用形が最初に説明された場合を除く)。

多様性練習には潜在的な利点があるにもかかわらず、あまり活用されていない。ほとんどの授業で課される宿題は、各単元で教えられた問題を注意深く分けることで、文脈干渉を最小限に抑えている。試験によっては、カリキュラムの中で教えられる順番と同じ順番で問題が出題されるなど、さらに真逆のアプローチをとっているものさえある。多様性練習があまり一般的ではないのは、練習の序盤において進歩が遅く見えるため、敬遠されてしまうのが一因かもしれない。だが、ある程度の基礎が身に付いたら取り入れてみることを検討しても良いだろう。

抽象化:同一性と差異に耳を傾ける

ジャズの即興演奏は演奏者に対して、何か新しいものを生み出すことを要求しつつ、音楽という言語の範囲内に違和感なく収まるようにも要求する。直接的な模倣は重要な足がかりとなるが、最終的な解釈にはなり得ない。そうでなければ、演奏者は単なる剽窃《ひょうせつ》者と見なされてしまう。逆に、すべての慣習を無視する演奏者は、もはやジャズを演奏しているとは言えない。これらの矛盾する制約を満たすためには、演奏者は音楽そのものの抽象的な表現、つまりその制限と可能性の両方を理解する必要がある。

概念形成とは、異なる例に共通するものは何か、そしてそれらの例が、類似しているが例のひとつとは見なされないものと何が違うのかを理解するプロセスである。たとえば「赤（red）」という概念を学習中の子供は、大人の英語話者であれば「茶色（brown）」や「オレンジ（orange）」と呼ぶであろうものを赤に含めてしまうかもしれない。もし「赤」という概念が、たとえば消防車という文脈だけで示されたとしたら、子供はトマトやバラの赤が同じラベルに値するかどうかを適切に評価することができないだろう。**同じ分類に属する幅広い刺激にさらされることで、類似したものから共通の要素を抽出することができるようになっていく。**

トランペット奏者のトミー・タレンタインは、幼い頃に受けた音楽教育で、ある教師がピアノでシの音を出し、それを覚えるように言われたことを回想している。家に帰る途中、その教師は鉄の柱を叩いて音を鳴らし、タレンタインに、その音が記憶しているピアノの音と比べてどう思うかを尋ねた。このような感覚的識別は、音やコードを聴いてそれを認識することを学ぶ上で重要な役割を果たしている。

隠れた共通点を明らかにするだけでなく、より細かい区別をすることも、知識の基盤を発展させる上で重要な要素となる。歌手のカーメン・ランディは、最初は「ジャズのリック（即興で挿入されるフレーズ）」しか認識できなかったが、経験を積むことで最終的には「チャーリー・パーカーのリックとソニー・ロリンズのリック」を区別できるようになったと述べている。

インターリーブ【異なる要素を交互に組み合わせて学習を効果的に進める手法】に関する研究では、異なるが混同しやすい概念について、それぞれを別々に教えるという典型的なアプローチではなく、一緒に提示することの価値が確認されている。

ローズ・ハタラらは、心電図の読み方を学ぶ医学生に対して、個々の疾患のパターンを一度に一つずつ提示するよりも、複数の疾患のパターンを混合して提示する方が成績が良くなることを発見した。同様の結果は、有機化学における分子の種類、異なる芸術家による絵画のスタイル、鳥や蝶の種を認識する学習においても見られている。**異なる概念の例を連続して提示することで、それらを区別するのに役立つ特徴に気づくのが容易になり、また一見異なる同じ現象の例を示すことで、それらの共通点を認識するのに役立つようだ。**

第3章で紹介した「直接教授法」は、ある概念を説明する際に、例と類似しているように見えるがその概念には含まれないものを注意深く順番に並べることで、この効果を利用している。たとえば子供たちに「d」という文字を認識させるために、指導者はそれを単一の書体で見せるのではなく、読み書きできる大人であれば正しく分類できる視覚的範囲内で、さまざまなフォントを使用するのである(d、**d**、**d**、d、d のように)。次に指導者は、これらの例に混ぜる形で、類似しているが異なる文字を見せる。たとえば「a」は「d」と似た形状をしているが、音と名前は異なる。「t」は「d」と音が似ているが、形状が異なる。そして「p」は音と形状が似ているが、これも「d」ではない。文字認識の課題は些細なことに思えるかもしれないが、それは主に、私たちが豊富な読み書きの経験を持っているからだ。

もしあなたが漢字を読めない場合、様々なフォントで「已」(已、已、已、已など)と、それと非常によく似た「己」(己、己、己、己など)を提示されて、それらを区別するように言われたら、文字認識にかなりの練習が必要な理由が簡単に理解できるだろう。**同じ概念の中でもっとも異なる例と、異なる概念の中でもっとも近い例を並置することで、学習者は概念の正確な境界をより迅速に見つけることができるようになる。**

複数の表現：同じ問題を異なるツールで捉える

ジャズの即興演奏家が活用する、多様性の最後の源は、音楽について考えるための複数のシステムを持つことである。「音楽について考える方法が多いほど、ソロで演奏できることが増える」とバリー・ハリスは述べている。

表現の多様性を生み出す源泉の一つは、耳と目の両方を訓練して音楽を理解することだ。多くの偉大なジャズ即興演奏家は正式な音楽教育を受けていなかったが、広範な聴覚練習を行い、ただ聴くだけで何が心地よい音なのかを理解することができた。

しかしこのような知識は、曲が複雑になるにつれて限界に達することがよくある。サックス奏者のゲイリー・バーツは、ジャムセッションで「You Stepped out of a Dream」のような曲を演奏した際、聴覚的なスキルだけに頼って即興をするのに苦労した。トロンボーン奏者のグレイシャン・モンカーIII世からジャズのハーモニーの理論的な原則を教わって初めて、彼は音楽の仕組みを理解することができた。逆に、より広範な正規教育を受けたアーティストは、音楽の視覚的な理解に頼り過ぎてしまうのがハンディキャップになることが多い。

演奏者に柔軟性を与えるという点では、曲を認識するための複数の記憶システムを持つことが重要だ。コード、スケール、インターバルはすべて、ある曲におけるピッチ（音高）の関係を表す方法を提供する。しかし、それぞれが音楽の可能性を異なる方法で分割している。「学習者にとって、スケールとそのコードとの理論的関係を発見することは、すぐに応用できるような概念上のブレークスルーとなる」とポール・ベルリナーは書いている。同じ音楽を異なる方法で見られるようになることは、即興演奏者により多くの可能性を与えてくれる。

多様な表現の価値は、ジャズに限ったものではない。ノーベル賞受賞者である物理学者リチャード・ファインマンは、同じ現象について複数の考え方を持つことの並外れた有用性について述べている。

AとBという2つの理論があるとしよう。心理的には全く異なって見え、含まれているアイデアなども異なるが、そこから計算されるすべての結果は全く同じだ……

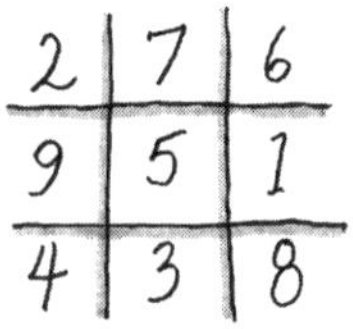

この図の通り、それぞれのマス目に数字を割り当てることで、数字のスクラブルはよりポピュラーな三目並べとなる。

（この場合）科学では通常、それらを区別する方法がわからないと言う。しかし、心理学的な理由から……これら2つの理論は同等とは言い難い。人はそれぞれの理論から、まったく異なる考えを得るためである……

したがって、心理学的には、私たちはすべての理論を頭の中に留めておかなければならない。優秀な理論物理学者は、全く同じ物理現象に対して、6つか7つの異なる理論的表現を知っている。

複数の表現を持つことは、同じ問題を異なる問題空間で定式化できる能力を持つことに等しいのだ。ハーバート・サイモンとアレン・ニューウェルは、数字で行うスクラブル・ゲームを使ってこのことをわかりやすく説明している。これは1から9までの数字が書かれたタイルを2人のプレイヤーの間に表向きに置き、プレイヤーが交互にタイルを選んでいくゲームだ。合計が15になる3つのタイルを最初に手にしたプレイヤーが勝ちとなる。たとえば最初のプレイヤーが2、7、6を引いた場合（2＋7＋6＝15）、そのプレイヤーが勝利する。

興味深いことに、数字のスクラブルは、実は構造的には三目並べ（マルバツゲーム）とまったく同じであることが示されている。その対応関係は、次の図に従って、マス目に1から9までの数字を割り当てるだけで見つけられるだろう。タイルを選ぶことは、マス目に○または×を置くことに相当し、三目並べのボード上で対応する行、列、または対角線を作った場合にのみ、合計が15になる3つの数字の組み合わせを持つことになる。

2つの表現が形式的に等価であるからといって、それらが心理的に等価であるとは限らない。ある形式では明白なことが、別の形式では集中的な思考を必要とするかもしれないのである。現代の文化では、理論的知識と実践的知識はしばしば対比され、異なる領域に属するか、あるいは互いに対立するものと見なされることがある。だが、理論そのものは単なるツールに過ぎない。私たちが扱う現実に適応したツールが増えれば、より多様な問題を複眼的に解決することができる。

多様性はいつ役に立つのか?

同じセッションで複数のスキルを練習すること、対照的な事例を交えて幅広い例を見ること、そして同じアイデアを複数の方法で表現するのを学ぶことは、すべて有益だ。しかし明らかに、多様性が役に立つ程度には限界がある。知識や手順において共通点の少ないスキルどうしの場合、効果が薄まる。

多様性練習の利点の大部分は、同じスキル全体の中にあるパターンを練習することにある。

異なる例題や練習問題を並置することは、問題を混同しやすい範囲においては有益だ。だが、数学の問題と歴史の宿題をインターリーブしても、同じような効果は期待できない。

同様に、複数の例から生み出される抽象化は有益かもしれないが、概念が抽象的になりすぎて有用性を維持できなくなる限界もある。チェスの戦略とビジネスの戦略には共通の概念があるかもしれないが、それぞれで成功するには、たとえ同じ「戦略」という言葉で説明できたとしても、共通点を持たない多くの具体的な知識が必要になる。

多様性の有用性を決定するもう一つの要因は、**最終的なスキルがどれだけのバリエーションを必要とするか**である。新しい曲を即興で演奏する必要のないクラシックピアニストは、より規則的で反復的な練習スケジュールの方が有益かもしれない。ベートーヴェンの交響曲第9番の音符は、常に同じ順序で演奏され、先の展開を想定しやすいからである。

多様性練習の下では学習が遅くなるため、さまざまなスキルが実際に必要になったときに初めて効果が現れる。ロマンス語を研究している言語学者は、フランス語、スペイン語、ポルトガル語の練習を近づけて行うことで、ラテン語に対するより抽象的で柔軟な理解を深めることができるかもしれない。しかしフランスに住むだけであれば、3つの言語を学ぶことは、1つの言語だけの場合よりも明らかに時間がかかる。多様性練習が示しているのは、もしある人が3つの言語すべてを話す必要があるならば、言語を交互に練習するセッションから利益を得られるかもしれないということだ。どの程度の多様性が役立つのかは、最終的に必要とされるスキルに大きく依存する。

練習の多様性に関する最後の注意点として、どのような条件下で多様性が役に立つのかという点がある。ガブリエレ・ウルフとチャールズ・シーは、複雑な運動技能や、ある分野における経験が浅い学習者の場合は、多様性練習スケジュールよりも、規則的なブロック練習の方が効果的な場合が多いと指摘している。この一見矛盾する現象を理解する簡単な方法は、第2章で解説した認知負荷理論の観点から考えることだ。練習のバリエーションを増やすと認知負荷が大きくなるため、難しい課題の場合は負荷を増やすとさらに把握が難しくなる傾向がある。**しかし学習者が基礎となる動きに慣れるにつれて、スキルがより自動化されるため、パターンを識別する能力を養う多様性のある練習スケジュールがより役立つようになる。**

この見解を裏付ける証拠として、英語学習者に関する研究結果がある。英語学習経験が豊富な学習者ほど、複数の話者を聞き分ける練習が有効であり、一方、経験が少ない学習者ほど、1人の話者を聞き分ける練習が有効であるという。同様の結果は、数学における練習の多様性に関する研究でも見られた。事前の知識が少ない学生は、ばらつきが最小限しかない問題の練習からより多くを学んだのに対し、事前の知識が多い学生は、ばらつきの大きい練習問題からより多くを学ぶことができたのである。

このような視点に立つと、**多様性は最初から最大限に導入するのではなく、学習の過程で徐々に高めていくものであることがわかる。**正しく実行することが非常に難しいスキルについては、多様性よりも一貫した反復練習が求められるだろう。

ビバップの創始者の一人であるチャーリー・パーカーでさえ、ミントンズ・プレイハウスでの初期の演奏で自分の力不足を感じた後、長時間の練習セッションにこもったと伝えられている。前章で見たように、反復と模倣は、自発的な創造性と正反対のものではなく、むしろそのための不可欠な前段階なのだ。

「反復の代わりに多様性を」ではなく「反復の上に多様性を」というスタンスが重要なのだ。こう表現する理由は、ジャズ演奏のような複雑なスキルに存在する、模倣と即興の間の緊張関係を認識するためだ。スキルを新しい方法で柔軟に実行するためには、多様性が不可欠となる。しかしその多様性は、スムーズさを担保する基礎的な要素の継続的な反復の上に成り立つものであり、それと対立するものではない。

多様性練習を活用するための戦略

多様性練習は、スキルの転移を促進する最善の戦略の一つだ。しかし残念なことに、この手法はまだ十分に活用されていない。教室でのカリキュラムは、問題を最近の章のものに限定したり、全く同じタイプの問題を連続して提示したりすることで、多様性を最小限に抑えていることが多いのである。ここで、皆さん自身の取り組みの中で、多様性練習を活用するための4つの戦略を紹介しよう。

戦略1：勉強をシャッフルする

多様性練習を適用する最も簡単な方法は、学習のセッション内で練習する内容をランダムにすることだ。たいていの教材はトピックごとに丁寧に整理されているため、これには少し手間がかかる。

たとえばフラッシュカードで勉強している場合は、一度に一つのトピックに取り組むのではなく、ランダムな順序でテストすると良いだろう。テストの練習問題に取り組んでいる場合は、どの問題がどのパートから来たのかわからないように、問題をシャッフルしてみよう。テニスコートでショットの練習をしている場合は、バックハンドとフォアハンドのショットを個別に練習するのではなく、混ぜて練習すると良い。

多様性を取り入れた練習から利益を得る一つの方法は、特定のスキルから練習したいさまざまな問題のリストを作成し、それぞれにトランプのカードを割り当てるというものだ。たとえばスペイン語を学習する場合、さまざまな活用練習をリストアップして、それぞれの練習にカードを割り当てるのである。そうした準備を行った上で、割り当てたカードが含まれるデッキをシャッフルし、順番に引いて、出たカードに対応する練習を行うのである。

同じアプローチを、プログラムの関数、ギターのコード、バドミントンのサーブ、物理学の問題の学習にも適用できる。重要なのは、一度のセッションで複数の練習に取り組めるように、個々の練習を短時間で終えられるようにすることだ。

戦略2：「人」や「環境」を多様化させる

練習スケジュールをランダム化するのは、多様性を取り入れるための構造化された方法だが、より自然な方法は、単に一緒に学んだり練習したりする人の数を増やすことだ。ジャズプレイヤーは、頻繁にさまざまなプレイヤーと共演し、時にはその夜初めて会ったバンドメンバーとステージ上で即興演奏することも珍しくなかった。すべてのプレイヤーにはそれぞれ個性があるため、こうした頻繁な共演者の変化は、固定されたバンドメンバーで同じギグを演奏するよりも、演奏者により多くの音楽に触れることを可能にする。

専門的なスキルを身につけるには、その分野の典型的なケースに幅広く接することのできる環境を探すのも良い。心理学者のゲーリー・クラインは、第4章で取り上げた消防士に関する詳細な研究の後、次のように述べている。「消防士の研究では、地方のボランティア消防団で10年働くよりも、衰退しつつある都市部で1、2年働く方がスキル開発にとって価値があることがわかった。都市部の消防士は、地方の消防士よりもはるかに多くの種類の火災にさらされ、その発生率も圧倒的に高いからである」。

同様に、多くの専門職でエリートになる道は、日常的なルーティーン業務に落ち着く前に、ストレスが多く変化の激しい環境での経験を積むというのが一般的だ。会計士や弁護士は、専門分野を選ぶ前に、多様な顧客を抱える大手事務所で研鑽《けんさん》を積むことが多い。医師も家庭医として活動し始める前に、複数の救急病棟を回ることがある。

こうした機会がデフォルトで与えられていない場合には、多様性の高い環境を探すことが有益かもしれない。

戦略3：理論をもとに習得範囲を広げていく

これまで見てきたように、理論的な知識は、問題に対処するための複数の表現を育むのに役立つ。この種の知識はまた、実地での練習だけでは習得が難しい。体系的な理論を得られることは稀であり、それらを見つけるためには、本を読む方がはるかに効果的だ。しかしより深い理論の学習は、多くの場合、投資のようなものとなる。それは主に、**他の知識をより簡単に習得できるようにするもの**であり、それ自体が直接的に結果を出すわけではないからだ。音楽家が図書館で何時間も過ごしたとしても、すぐに演奏が上達するわけではない。しかし和声の理解を深めることで、新しい音楽のパターンをより簡単に吸収できるようになる。

もちろん、すべての理論が学問的なものとは限らない。実践で用いられる方法論や専門家の経験則、業界標準などは、学術的な世界から導き出されたものでなくても、同様に有効な考え方だ。学習している分野の人々と話をして、彼らがどのようなツールを使用し、どのような理論に基づいて行動しているかを知ることは、より多くのツールを身につけるための道筋を示してくれるだろう。

戦略4：「反復」と「多様性」の境界線を意識する

これまでの説明からもわかるように、多様性は反復と対立するものではなく、むしろ反復の上に構築されるものと捉えるのが最善だ。しかし、反復練習と多様性練習のどちらがいつ役立つようになるのか、その境界線を明確にすることは困難だ。

ネイト・コーネルとロバート・ビョークは、実験における被験者は一般的に、後のテストでそれと反する結果が示されているにもかかわらず、多様性練習よりもブロック化された練習の方が、学習効果が高いと信じていたことを発見した。このことは、参加者がインターリーブの学習法を完了し、最終タスクでより良い成績を収めた後でも同様だった。つまり参加者たちは、まだブロック化された規則的な学習の方が効果的だと信じていたのである。

多様性練習に関する研究はまだ発展途上であるため、正確な境界線を決定するための科学的な指針は現時点では確認できていない。しかし、もし今あなたがスキルを単独で正しく実行できないのであれば、多様性を高めても恐らく役に立たないだろう。逆にスキルを正しく実行できる場合が多いのであれば、多様性は行動選択のプロセスを発達させる上で有益である可能性が高い。

ジャズのソリストはしばしば、ソロを何度も繰り返して、模倣しようとしている演奏の録音と自分の演奏を比較することから始める。そして間違いなく演奏できるようになって初めて、彼らは新たな装飾や解釈、あるいは全く新しいセクションを追加し始める。つまり、反復の上に構築された多様性なのである。

即興から発明へ

多様性練習は、柔軟なスキルを育む上で重要な役割を果たす。流暢な即興演奏は、たとえそれがどれほど印象的なものであっても、既存の伝統の枠内にしっかりと収まっている。一方、ビバップそのものの発展のように、伝統を打ち破る何かを生み出すプロセスである発明は、さらにその先にあるもののように思われる。次の章では、柔軟なスキルの開発を超えて、独創的な創造性の根源を探求していこう。

第8章

質は量から生まれる

アイデアをたくさん考えて、悪いのは捨ててしまうんだ！

——ライナス・ポーリング、量子化学者

- 天才は概して多作なのか？
- 発明において偶然はどれほどの役割を果たすのか？
- 質を犠牲にすることなく、創造的なアウトプットを増やすにはどうすれば良いか？

モデルケース：エジソンの驚異的なアウトプット

歴史上、トーマス・エジソンほど発明において優れた生産性を発揮した人物はいない。彼の創造的な業績には、1本の電信線で複数の信号を送る多重通信、鮮明なX線写真を撮影するための初の装置である蛍光鏡、初期の映画用カメラのひとつであるキネトグラフ、電話の必需品であったカーボンマイク、充電式電池、そしてほぼ完全に聴覚を失っていた彼にとってもっとも驚くべき発明品である蓄音機などがある。迷信深い地元の人々は、彼の天才的な発明を魔術によるものだと考えていた。彼に開発できない装置はないように思われた。

エジソンが関係する最も有名な発明である電球は、厳密に言えば彼独自のものではない。高電流回路の隙間に発生する連続的な火花によってまばゆい光を発する電気アーク灯は、エジソンが照明実験を行った頃にはすでに実用化されていた。初期の白熱電球も存在していたが、すぐに燃え尽き、商業的に成立するには消費電力も大きすぎた。

しかしある意味では、エジソンが電球を発明したと評価することは、彼の功績を過小評価することになる。というのも、白熱灯を実用化するために高抵抗フィラメントを追求した彼の洞察力も重要なのだが、彼は並列回路接続、高効率発電機、中央発電所の概念など、周辺インフラも同時に発明している。それによって、照明だけでなく、今日の私たちが知る電気産業全体の礎を築いているのだ。エジソンは生涯に1093件という驚異的な数の特許を取得しており、人類史上最も発明の才に恵まれた人物であると強く主張できる。

1931年にエジソンが亡くなったとき、故人への敬意を表してすべての電気を2分間停止することが一時的に検討された。しかし、そのような停電が広範囲に混乱を引き起こすことは明白だった。エジソンの遺産はあまりにも広く浸透していたため、世界は一瞬たりとも電気を止めることはできなかったのだ。

ダ・ヴィンチかピカソか：天才は概して多作なのか？

エジソンは多作なクリエイターの典型だ。彼の発明は数が多いだけでなく、影響力も絶大だった。しかしエジソンの例は、創造的な生産性全般について疑問を投げかける――最高の作品を作るクリエイターは、あまり有名ではない同業者に比べて、より多くの作品を作る傾向があるのだろうか、それとも少ないのだろうか？

レオナルド・ダ・ヴィンチとパブロ・ピカソを比較してみよう。時代も作風も大きく異なるが、どちらも著名な芸術家だ。しかし、2人が残した作品数は著しく異なっている。ダ・ヴィンチは生涯で完成させた作品が20点ほどであり、未完成の作品も多い。一方、ピカソは1万3000点以上のオリジナル絵画を完成させ、版画なども含めると、彼の芸術作品の総数は10万点を超える。

この2人の人物を見ていると、創造性に関する2つの相反するモデルが頭に浮かぶだろう。一つは、少数の作品に自身のビジョンをすべて注ぎ込む献身的な芸術家。そしてもう一つは、アイデアを絶え間なく生み出す多作なクリエイターだ。しかしデータは、ダ・ヴィンチよりもエジソンやピカソの方が、創造活動の成功の典型として一般的であることを示している。世界で最も成功した科学者、芸術家、革新者たちは、最も多作な人々でもあるのだ。

この問題を最初に考察した研究者の一人は、ベルギーの社会学者アドルフ・ケトレーである。彼は1835年の論文で、フランスと英国の劇作家が制作した作品の数を数えた。そして、創造的な生産量と文学的な影響力には強い相関関係があることを発見した。

それから約2世紀後、心理学者のディーン・サイモントンは、ケトレーの初期の観察を裏付ける研究結果を集めた。最も優れた科学者、芸術家、学者は、最も多くの作品を制作する人々でもあるのだ。サイモントンは、多くの分野において、個人の生産性と社会的な創造性には高い相関関係があると説明している。そして、個人のキャリアにおける創造性のパターンを見ると、**最高の作品を生み出す時期は、最も多くの作品を生み出す時期でもある**、という傾向が見られると主張する。

高く評価された作品の数を数え、それを総数で割ることで、一種の「品質比率」を算出できる。サイモントンは、「このヒット数と総試行数の比率は、年齢とともに規則的なパターンで変化するわけではない」と説明している。「この比率は増加も減少もせず、他のいかなる形も示さない。この注目すべき結果は、質が量に依存することを示唆している」。

またサイモントンは「等確率ベースライン」を提案している。これは、ひとたび人が自分の分野で独創的な作品を発表し始めるようになると、そうした作品が世界を変える影響力を持つ確率がほぼ等しくなることを意味する。私たちは、エジソンが電気照明システムを作り出した業績を振り返って畏敬の念を抱く一方で、鉄の採掘に電磁石を応用したベンチャー事業に失敗し、それまでの財産を浪費したことに困惑したりするかもしれないが、エジソン自身は彼のどの発明が自分の遺産を築くことになるのかを予見することはできなかった。

等確率ベースラインは、〝創造的な可能性が個人のキャリアを通じて変化しないこと〟を示唆している。しかし、個人間ではどうだろうか？　平凡な作品を定期的に生み出す人々がいる一方で、少数の貴重なアイデアを仕上げようと、絶え間なく取り組む天才がいるという考えを支持する証拠はあるのだろうか？

完璧主義者が少数の高品質な作品しか制作せず、大量生産者が平凡な作品を量産するということは確かに存在するが、歴史的なデータは、多作なクリエイターが最も影響力を持つ傾向にあるという考えを支持している。「プライスの法則」は、英国の物理学者で科学史家のデレク・ジョン・デ・ソラ・プライスにちなんで名付けられたもので、彼はある分野の学術的な成果の半分が、全体の研究者数の平方根にほぼ等しい数の研究者によって生み出されることを発見した。論文を発表する研究者が１００人いる分野では、全体の成果の約半分はわずか10人の研究者によって生み出されることになる。

創造的な成功が偶然に左右される側面があるとはいえ、すべての創造者の能力が等しいというわけではない。すでに見たように、エジソンは同時代のほとんどの発明家、ましてや何も発明しなかった何百万人もの人々と比較しても、ずば抜けて多くの発明を生み出した。この生産性のパターンと、それが私たち自身の創造的成功をどのように育むのかを理解するために、創造的な成果に関する3つの異なる説明、すなわち**専門知識**、**環境**、そして**偶然**を考慮する必要がある。

説明1：専門知識としての創造性

認知科学者のハーバート・サイモンは、「創造性とは『大規模な思考』である」と書いている。この見解を取るならば、創造的な成功は、通常の問題解決と同じ思考メカニズムに依存するということになる。そして、世界を変えるような発明と普通のトラブルシューティングを区別するのは、思考の種類ではなくその難易度と社会的意義だ。

創造性は、より些細なパズルを解く努力において見られるのと同じように、問題空間を探索することに依存している。そして探索の範囲を絞り込む上で、専門知識が重要な役割を果たす。

エジソンの発明の軌跡は、「創造性＝専門知識」理論を支持している。この理論は、創造的な成功が特定の分野に集中すると予測する。博学の天才というイメージがあるにもかかわらず、エジソンはこの予測によく合致している。彼の発明は多くの多様な産業に影響を与えたが、エジソンの革新性は、主に電気回路の新しい応用に集中していた。彼が電球に注目したのは、高抵抗のフィラメントが低抵抗のフィラメントよりも少ない電流しか流さないことを示す「オームの法則」を理解していたからである。

多くの競合他社が激しい熱と電流に耐えられる頑丈な材料に焦点を当てる一方で、エジソンは電球用に、より繊細なフィラメントを追求した。フィラメントを薄くすることで抵抗値を上げ、より少ない電流を使用することで、製品を低価格で生産可能なものにすることができた。エジソンは10年以上にわたる電気回路の実地経験に基づいて、望ましい結果が含まれている可能性が高い領域に、問題解決の探索空間を絞り込むことができたのである。

そしてエジソンは、米国のイノベーションの「英雄的」時代、つまり孤高の発明家が斬新な機器から利益を得るという時代から、企業の研究所や大学の研究部門からイノベーションが生まれるという制度的モデルへの移行を経験した。発明が問題空間を探索するプロセスであるならば、探索が深くなるにつれて、イノベーションにはより多くの訓練と専門化が必要になると予想されるかもしれない。

エジソンが限られた学校教育しか受けずに有用な発明をすることができたのは、当時の社会全体の電気工学に関する理解が比較的貧弱であったことの副次的効果だったのだろう。今日、電気工学におけるイノベーションとは、1平方インチあたり数十億個のトランジスタを持つ集積チップの改良や、超低温での超伝導材料の発見などを指す。こうした高度な進歩には、はるかに抽象的な知識が必要であるため、博士号を持つ専門家による大規模なチームが最先端の研究を生み出す傾向にあるのだ。

しかし「創造性＝専門知識」という見方は完全な説明にはならない。なぜ一部のクリエイターが他の人々よりも成功するのかを説明することはできるが、なぜ全員が同じ確率で成功する可能性を持っているのかを説明することはできない。もし専門知識の着実な蓄積が成功を説明するのであれば、創造的な活動の質は、最初の訓練期間を超えて横ばいになるのではなく、クリエイターのキャリアを通して向上していくはずである。

同様に、創造性と専門性を同一視することは、なぜある専門家が並外れて創造的であり、他の専門家はまったく平凡なのか、という疑問も残すことになる。専門知識は創造的成果の前提条件かもしれないが、それだけでは十分ではない。

説明2：環境としての創造性

科学革命の前進に拍車をかけたフランシス・ベーコンはかつて、自分の貢献は「機知によるものではなく、時代の賜物である」と記した。彼は、科学的創造性において「アイデアは単なる個人の才ではなく、その文化的な瞬間の産物である」という理論を支持している。「時代精神（ツァイトガイスト）」とも呼ばれるこの概念は、文化的背景がアイデアの発芽する土壌を提供すると主張する。

文化的背景は、イノベーターがどこで新しいアイデアを探すかを規定するだけでなく、発見されたアイデアのうちどれが広く受け入れられるかも規定する。どんなに素晴らしいアイデアであっても、受け入れる環境が整っていなければ、無名のまま消えてしまう。

創造性に関する環境説を裏付ける証拠として、同じような発見が同時期に起きる「多重発見」と呼ばれる現象が、歴史上数多く見られるという点が挙げられる。進化論はチャールズ・ダーウィンとアルフレッド・ラッセル・ウォレスによって、それぞれ独立して、同時期に研究された。アイザック・ニュートンとゴットフリート・ライプニッツはどちらも微積分を発明した。アレクサンダー・グラハム・ベルとイライシャ・グレイは、わずか数時間差で電話の特許を提出したことで有名だ。1611年には4人の科学者が太陽の黒点を発見している。光学望遠鏡の発明に関しても、少なくとも9人の異なる発明者がその功績を主張している。

ある発見が必然であるという考え方は、現役の科学者たちの精神に深く刻み込まれている。社会心理学者のミハイ・チクセントミハイは、創造性を真空の中で判断することはできないと主張している。多くの心理学者が、創造性を純粋に精神的な機能として研究しようと試みてきたが、チクセントミハイは、そのような研究は何が創造的であるかを集団として判断する専門家の性質を無視していると指摘する。

たとえば現代美術の分野において、彼はおそらく1万人の人々がその分野を構成しており、新しいアーティストの作品が革新的であると認められるためには、彼らが受け入れることが必要であると主張する。音楽作品のコンピューター分析もこの見解を裏付けており、「旋律の独創性」が中程度の作品が最も人気があるという。独創的であることは芸術的創造性にとって重要だが、独創的すぎると作品が理解されなくなるかもしれない。

似たような社会的ゲートキーピング（門番役）は科学の分野にも存在し、専門家の小さなコミュニティが、研究結果が発表される前に査読の基準を設定する。知的流行によって、特定の種類のアイデアの受け入れやすさが決まることがある。またこうした評価というものは、閉鎖的な専門家グループに限られているわけではない。商業製品やマスメディアのコンテンツは、それが人気を博すか失敗するかを決める世論の試練に直面しなければならない。

発明を受け入れる環境の存在は、世界を変えるような発明が活用されずに終わるという奇妙な例が、なぜ数多く発生したのかも説明する。たとえば車輪はヨーロッパ人が到着する何世紀も前にメソアメリカで発明されたが、農業ではなく子供のおもちゃにしか使われていなかったようだ。このチャンスを逃した理由の説明として、家畜の不在により、車輪を使った荷車を役立てることができなかったという説が挙げられる。

創造性が不足しているとすれば、それは受け手である私たちが、新しいアイデアを認識し採用するために必要なだけの速さで認知構造を変化させることができないからなのかもしれない。

説明❸：偶然としての創造性

専門知識と環境は、どちらも創造性を決定論的なプロセスとして示唆している。しかし、より謙虚な説明としては、認知理論や社会学的理論が考えるよりもはるかに大きな役割を、偶然が果たしている可能性があるということだ。

心理学者のドナルド・キャンベルは1960年に、創造的思考をダーウィンの自然淘汰理論のように、「無意識的な変異」と「選択的な保持」のプロセスとして理解できると主張した。

ダーウィンは、生物の進化に必要なのは偶然の突然変異と、有用な適応の遺伝的蓄積だけであることを明確に示していた。これと同じように、キャンベルは、創造性とは偶発的に多くのアイデアを生み出し、その中で上手くいったものを保持するプロセスとして理解した方が良いかもしれないと主張した。

本章の冒頭に掲載した引用句が示しているように、ライナス・ポーリングは、彼のノーベル賞受賞につながった化学的洞察を、大量のアイデアを生み出し、そこから最高のものだけを残すという、同様のプロセスのおかげだとした。

偶然性の役割を示す証拠は、偶発的な発明の長い歴史から得られる。ペニシリンは、スコットランドの医師アレクサンダー・フレミングが、あるカビが周囲にある細菌サンプルの増殖を抑制しているように見えると偶然気付いたことで発明された。瞬間接着剤の製法は、ハリー・クーヴァーが軍隊向けの安価なプラスチック製の銃照準器を作る方法を探していたとき、予期せずして生まれた。セレンディピティ（偶然から生まれた幸運な発見）はテフロン、ダイナマイト、加硫ゴム、安全ガラス、そしてバイアグラの発明においても見られる。フランスの哲学者ポール・スリオは、「発明の原理は偶然である」と書いている。偶然が発明の母なのだと言うことはできるだろう。

エジソンは、発見における偶然の役割を熟知していた。「実験をしていると、探してもいないものがたくさん見つかる」。彼は白熱電球に使える材料を見つけるまでに、数え切れないほどの材料をテストし、最終的に炭化した紙片という実用的な材料を見つけ出した。この観察結果に基づき、彼はさらに数千種類の炭化植物繊維をテストし、最終的に竹を理想的な材料として選んだ。晩年、ゴムの代替材料を探していた彼は、1万4000種類もの植物を調べ、ラテックス含有量が十分に高く、温帯気候で栽培できるものを探した。大容量の充電式電池を見つけようとする彼の努力も、同様に試行錯誤の連続だった。

彼の友人ウォルター・マロリーは、エジソンが何か月も研究を続けても成果が得られなかったと聞いて、同情を伝えようと彼の元を訪れた。彼の言葉を聞いたエジソンはこう答えたという。「なぜ同情するんだ? 私はたくさんの成果を得ているじゃないか。何が上手くいかないかを何千と知っているのだから!」。

エジソンは偶然を受け入れ、答えを求めて何千もの組み合わせをテストすることを厭わなかった。そして今日でも、イノベーションは偶然に大きく依存している。生物学および化学理論における目覚ましい進歩にもかかわらず、医薬品の発見は依然としてセレンディピティに大きく依存しており、薬の効果は理論的に予測されるよりも偶然に発見されることが多い。オゼンピックという名前で販売されている減量薬セマグルチドは、もともと糖尿病のために開発されたものであり、バイアグラとして販売されているシルデナフィルは、もともと高血圧の治療薬として開発されたものだった。これらの発見は、設計ではなく偶然によってもたらされたのである。

3つの説明を統合する

「専門知識」「環境」「偶然」という創造性の3つの説明は、互いに排他的なものではない。創造性を単純化させたモデルは、これら3つすべてを組み込んだものである。

知識の最前線を越えた領域では、「偶然」が創造的な成功において2つの重要な役割を果たす。1つ目は、問題解決のプロセス自体における役割である。第1章で見たように、人々は手段目的分析や生成検査のような汎用的な戦略と、特定の領域に固有のヒューリスティック（経験則）を組み合わせて、問題解決に向けた探索を進める。しかし、問題解決が行き当たりばったりな活動ではなく、すんなり解決できるものであったとしても、問題空間にはまだ多くの可能性が残されている。これは定義上当然のことで、もし問題空間が単一の明確な答えに収束してしまったら、それはもはや知識の最前線を越えたものとは考えられない。したがって、最も知的で知識が豊富な専門家であっても、すでに習得したものを超えて冒険するためには、ランダムな探索プロセスが必要となる。

偶然の2つ目の役割は、それを受け入れる環境において発生する。最も洞察力のある技術者や投資家であっても、どの作品や製品が非常に重要になり、どれが失敗に終わるかをごく僅かしか予測できない。クリエイター自身も、自分の作品の長期的な影響を予測する能力は限られている。この予測不可能性は、個々の発明、エッセイ、製品、または科学論文が常に、部分的にはギャンブルであることを意味する。

平凡な専門家と創造的な専門家の違いは、リスクの高い問題に取り組むかどうかの決断に見ることができる。重要な仕事は、その時点における知識の最前線の範囲内だけで完遂することも可能だ。創造性そのものが偶然に左右されるとしても、試行錯誤を重ねた確実な方法に固執することを選択する専門家もいれば、リスクを冒して問題空間の新しい領域を探求することを選択する専門家もいる。

クリエイターをギャンブラーと見なすこの概念は、ロバート・スタンバーグとトッド・ルバートの創造性投資理論において最も明確に示されている。彼らのモデルでは、クリエイターは株式投資家のように、どのアイデア、方法、または調査領域が価値を高めるかに賭ける。株式市場の投機と同様に、このプロセスは偶然に大きく左右される。一部のクリエイターが名声を得る一方で、他のクリエイターは無名のまま消えていく。**平凡な専門家と創造的な専門家の違いは、主にどこまでリスクを取るかという姿勢の違いによるものだ。**エジソンは、リスクの高い発明の追求によって経済的な混乱が生じることをよく理解していた。彼は後に、発明家としてのキャリアにおける幸運と失敗の乱高下を振り返って、「少なくとも退屈はしなかった」と述べている。

この創造性のモデルは、サイモントンが創造的達成における「等確率ベースライン」を見出したことと、世界的なイノベーターの稀少性との間に、一見矛盾があることを説明するのに役立つ。何らかの分野で最前線に到達することは困難であり、長年の研究と実践を必要とする。しかしひとたび最前線に到達すると、さらなる発展は偶然に大きく依存するため、創造的な成果は多くのチャンスを喜んで受け入れることから生まれるのである。

より多くを創造するための戦略（品質を落とさず、オーバーワークもせずに）

創造的な成功の鍵は、驚異的な生産性にある。あなたがすでに可能な限り（あるいは望む限り）長時間費やしているのであれば、これ以上仕事の質や私生活を犠牲にすることなく、創造的なアウトプットを増やす他の方法があるかどうか気になるはずだ。

ここで、より大きなインパクトを与えるために検討すべき4つの戦略を紹介しよう。

戦略1：組立ライン方式を採用する

創造性という概念と対極のイメージを持つものとして、組立ラインほど象徴的なものはない。

表面上、機械的に再現された同一性は、独創性の正反対にあるもののように見える。しかし「創造性＝生産性」という考え方を真剣に受け止めれば、組立ラインから学ぶべきことは、私たちが考えているよりも多いかもしれない。**創造的な仕事の非創造的な側面をルーチン化することで、生産を効率化できるのだ。**

コメディアンのジェリー・サインフェルドは、自身の大ヒットテレビ番組『となりのサインフェルド』において、新しいエピソードの執筆を組織化するために、創作プロセスの段階を「アイデア出し」「アウトライン作成」「編集」という別々のチームに分けることを選択した。創造性における偶然の役割に従い、アイデアやストーリーラインはコメディ作家の実体験から引き出された。分業化されたこのワークフローによって、中途半端なアイデアではなく、洗練されたエピソードが確実に放送されるようになったのである。

ルーチン化やチェックリストの作成、あるいは創造的作業のさまざまな側面を体系的に段階分けすることは、新しい作品を作る際の規則的な部分を自動化できる方法だ。アイデアや洞察の内容をコントロールすることはできないかもしれないが、他の側面を体系化できれば、常にチャンスを逃さないようにできる。たとえば科学者は、どの研究分野が最も有望かを常に把握できるとは限らないが、助成金の申請や論文の提出プロセスを合理化することで、研究室での作業により多くの時間を割くことができるようになる。

戦略2：アイデアが熟すのを待つ

創造性のあるアイデアの中には、実現に向けて「熟している」ものもあれば、重要な要素が欠けているものもある。イノベーションを志す人なら、何らかの技術的なハードルを乗り越えられず、行き詰まることがあるかもしれない。小説家であれば、プロットが思い浮かばず、素晴らしいキャラクターのアイデアが台無しになることがあるかもしれない。

未熟なアイデアの追求には、より多くの時間がかかる。行き詰まりを打開するために、代替案を試すという組み合わせ的なプロセスが必要になるからだ。創造的であることの条件として、困難なプロジェクトを粘り強くやり遂げることに焦点が当てられる場合が多いが、成功するクリエイターは、**発見の準備ができていない問題を避けることにも長けている**のである。

エジソンはこの問題に対処するために、多くの異なる発明プロジェクトを同時に追求した。複数のプロジェクトを同時進行させることで、行き詰まった時に別のプロジェクトに切り替えることができたのである。彼はまた、新たな可能性が偶然によって発見され、それまで不明瞭だった道が開ける場合には、そのチャンスを活用することもできた。

多くの作家は、ストーリーの候補について膨大なメモを残し、背景となる十分な数のピースが集まるのを待ってから、粘り強く作品を追求する。創造的な解決策を予測することは不可能かもしれないが、現在の知識の蓄積と解決に必要なものとの間のギャップがどれほど大きいかを認識することは可能だ。

戦略3：リスクを軽減する

インスピレーションに満ちたアウトプットを生み出せない要因の一つは、必要なリスクを取ることができないということだ。最も創造的な成功を収める人は、同時に多くの創造的な失敗も経験している。

十分な専門知識と生産性があれば、結果の平均的な質は高まるものの、創造的な取り組みについては依然として不安定さがつきまとうため、多くの人が革新的なキャリアに踏み出すことができない。エジソンは、上手くいかなければいつでも電信技師としてやり直せると自分に言い聞かせることで、発明のリスクを許容することができた。あるいは若い頃に質素な生活を送っていた経験から、経済的に落ちぶれたとしても、快適な生活しか知らない人ほど悲惨な挫折とは感じなかった可能性もある。

エジソンほどのストイックさのない私たちは、**失敗した場合に頼れるコミュニティや収入源を確保することで、創造的なリスクを取りやすくすることができる。**創造的なプロジェクトは、リスクの高い株式を持っているようなもので、素晴らしい利益をもたらすこともあれば、すべてのお金を失うこともある。そのような投資を受け入れやすくするために、それらを知的財産の「国債」のようなもの、つまり危機の際に頼ることのできる低リスクな投資と組み合わせるのが良いだろう。

戦略4：創造的でないタスクにかける時間を減らす

創造的アウトプットのための時間の多くは、会議、メール、管理業務、その他の雑用によって消費されてしまう。ハリエット・ザッカーマンがノーベル賞受賞者に関する研究を行ったところ、多くの科学者が、ノーベル賞を受賞した後に研究活動が大幅に減速したと述べた。無名だった頃は、何時間も自分の仕事だけに集中できた。しかし有名になると、インタビューの依頼が増え、公の行事への出席を求められ、権威ある委員会の委員長を務めるよう依頼されることになる。エジソンの生産性も、年齢を重ねるにつれて低下した。彼のビジネス上の関心事が拡大し、管理しなければならないエンジニアのチームがますます大きくなったためだ。

創造性には、機敏さと、不確実なプロジェクトに時間を費やす能力が必要となる。これらの能力は、成功に伴う義務が増えるにつれて阻害される可能性がある。したがって、より創造的になるためには、創造的でないタスクの侵食に抵抗する必要がある。ノーベル賞を受賞した物理学者のリチャード・ファインマンは、大学の学部で時間を浪費するような仕事に巻き込まれないように、「無責任を装う」という戦略を取っていた。

アウトプットに打ち込む場所を隔離させることも、時には有効だろう。どのような戦略を取るにせよ、創造的なプロジェクトに費やす時間の比率を高く維持することでしか、私生活を完全に犠牲にすることなく、生産的なキャリアを送ることはできない。

実践からフィードバックへ

実践パートにおける4つの章では、適度な難易度を見つけること、スキルは簡単には転移しないこと、柔軟なスキルを確保するための多様性の力、そして創造的な成果における量と質の密接な関係について解説してきた。

続く4つの章では、学習におけるフィードバックの役割に注目する。まず、不確実性のある環境での学習を取り上げ、正確な判断を確実にするためにフィードバックを強化することの重要性を見ていく。次に、学習における相互作用の問題を見ていく。その後、アンラーニングの役割を検証し、スキルが向上するにつれて、間違いや誤解を修正することがいかに重要になってくるかを考える。最後に、学習における不安について考え、恐怖を感じる状況から直接フィードバックを受けることが、恐怖を克服する最も効果的な方法の一つであることを解説していく。

パート 3

フィードバック

：経験から学ぶ

第9章

経験は専門性を保証しない——「不確実性」の下でいかに学ぶか

真の直観的な専門知識は、長期にわたる経験だけでなく、失敗に対する適切なフィードバックから学ぶものである。

——ダニエル・カーネマン、心理学者

- 直観的な専門知識の前提条件は何か？
- ノイズを含むフィードバックがある不確実な環境において、どうすれば改善を進められるか？
- いつ自分の直観を信じ、いつ数字にこだわるべきか？

モデルケース：オンラインポーカーがもたらした革命

2007年9月17日、19歳の誕生日を翌日に控えたアネット・オブレスタッドは、ワールドシリーズオブポーカー・ヨーロッパのトーナメントで史上最年少の優勝者となり、歴史をつくった。欧州で開催されたこの大会で、若いノルウェー人の彼女は、100万ポンドの賞金を手にした。ラスベガスでプレイするにはあと2年待たなければならなかったが、彼女は362人の参加者を打ち負かした。ポーカーは確かに運のゲームかもしれないが、オブレスタッドの勝利は決してまぐれではなかった。彼女はすでに、オンラインで圧倒的なプレイヤーになっていた。高校生の頃には、ポーカーで稼ぐ金額が母親のフルタイムの仕事の収入を超えていたほどだ。

オブレスタッドがポーカーを始めたきっかけは、テレビでボウリングを見ていたときに、オンラインポーカーサイトの広告を見たことだった。彼女は幼い頃に父親とカードゲームを楽しんでいて、これは面白そうだと感じたのだ。当時15歳だった彼女は、本物のお金でギャンブルをするには若すぎたため、オンラインで仮想のお金を使うゲームに参加した。オンラインでの仮想マネーのトーナメントで、彼女は9ドルを獲得した。そのごくわずかなスタートから、彼女は着実に賞金を増やしていった。

一度も自己資金を投資したことがなかったにもかかわらず、オブレスタッドは他のプレイヤーと本物のお金を賭けてゲームをし、勝つようになった。その後4年間で、彼女はオンラインで数十万ドルを獲得した。カジノで合法的にギャンブルができる年齢になると、彼女はオフラインでのゲームもプレイし始めた。ポーカーのキャリアを終えるまでに、オブレスタッドはオフラインのゲームだけで390万ドル以上を獲得していた。

ポーカー史における革命が起きたのが、オブレスタッドの快挙以前の2003年のことだった。クリス・マネーメーカー(本名だ)が、39ドルのオンライン・トーナメントで優勝し、ワールドシリーズオブポーカーの出場権を獲得した。フルタイムの会計士で、ポーカーのアマチュアプレイヤーであった彼は、参加費1万ドルを支払った839人の他のプレイヤーを打ち破り、250万ドルの賞金を獲得した。マネーメーカーが経験豊富なプロを相手に予想外の勝利を収めたことで、オンラインポーカーへの関心が爆発的に高まったのである。これは「マネーメーカー効果」と呼ばれ、オンラインポーカーサイトの規模が拡大し、何万人もの新規プレイヤーを引き付けた。

コンピューターでポーカーをするのは、カジノでするのとは異なる。最大の違いは、心理分析の余地があまりないことだ。対戦相手について見ることができるのは、スクリーンネームだけである。つまり対戦相手を注意深く観察してブラフ(はったり)の兆候を見つけることは、カードに関するより基本的な分析に比べて重要度が下がる。

そしてあまり知られていないことだが、オンラインでのプレイはゲームの経験を積むペースを劇的に加速させる。プロのポーカープレイヤーであるダニエル・ネグラヌは、新しいタイプのオンラインプレイヤーについて「彼らは経験を非常に早く積んでいる。オンラインでは複数のテーブルでプレイできるからだ。一度に12ゲームをプレイしている人もいる」と指摘している。彼はさらに、「現在84歳のドイル・ブランソンのような人は、50年か60年くらい、毎日プレイしている。しかし23歳の若者の中には、そんな彼よりも多くのゲームをプレイしている人がいる」と付け加えている。

おそらく、豊富な経験以上に重要なのは、オンラインでプレイすることで得られるフィードバックの充実度だろう。昔ながらのプレイヤーは、重要なプレイの内容を記憶に頼らなければならなかった。オンラインのプレイでは、プレイヤーは脆弱な人間の記憶をハードドライブに置き換えることができ、自分あるいは定期的に対戦する相手のゲームの履歴を後から確認できる。マネーメーカー時代の初期にポーカーの世界に入った前出のオブレスタッドは、これを早くから活用し、経験とフィードバックを得ることができた。それはカジュアルプレイヤーや、カジノに通うプロプレイヤーのほとんどが想像すらできなかったことである。

「不確実性」の下での学び

ポーカーのようなゲームがどれほど不確実性に満ちたものであるかを理解するには、もう一つの有名な頭脳ゲームであるチェスと比較するのが良いだろう。チェスでは、プレイは完全に決定論的である。つまり同じ手を打てば、結果は毎回同じになる。対照的に、ポーカーは運のゲームだ。ポーカーのゲームの一種である「テキサス・ホールデム」で最高のスターティングカードである2枚のエースが配られたとしても、ランダムな手札に対して負ける確率はまだ6分の1もある。**このランダム性により、自分のミスから学ぶことは極めて難しくなる。**あなたが負けたのは不運だったからだろうか、それとも単に下手だったからか？

ランダム性に対処する一つの方法は、単により多くの経験を積むことだ。十分にプレイすれば、やがて運は平均化される。初期のプレイヤーの多くは確率論を学んでいなかったが、おそらく単に繰り返しによって直観を身に付けたのだろう。同じ手を何十回も見ていれば、その手の強さについての平均的な感覚は、徐々に真の価値に近づいていく。しかし、ポーカーの手の組み合わせが膨大であることを考えると、この方法でポーカーのスキルを習得することには深刻な限界があるのは明らかだ。

幸いなことに、これには代替手段がある。それは確率論を使って正しい手を計算し、実際の結果を無視することだ。今日では、意欲的なポーカープレイヤーであればすぐに、基本的な数学に精通するようになる。プレイヤーは、自分の手を完成させるために必要なカード（「アウト」と呼ばれる）の数を数え、自分の手を上回る可能性のある手の数を数える。そして確率を計算し、それを賭け金と比較することで、その賭けが「バリュー」（勝つ確率が賭け金に見合うと考えるための賭け）なのか、それとも「ブラフ」（はったり）なのかが明らかになる。ポーカーはランダムなゲームかもしれないが、カードは確率の法則に従うため、直観だけで判断するよりも計算する方が優れた戦略である。

しかし、ポーカーを難しくしているのは運だけではない。再びチェスと比較すると、ポーカーは隠された情報を持つゲームだ。チェスのプレイヤーは、対戦相手が不意打ちでチェックメイトするために、クイーンを袖に隠している可能性を心配する必要はない。対照的にポーカーでは、ベットする前に相手のカードが何か確信できることはほとんどない。つまり最適な戦略が、ランダムに選ばれた手札に対して自分の手札が勝つ確率だけでなく、相手が持っていると思う手に対して勝つ確率、ひいては自分が持っていると相手が考える手札に対して勝つ確率にも左右されるわけである。これにより、ポーカーは「調整」のゲームとなる。自分のプレイスタイルにパターンができ、それが相手に利用されないよう、慎重なバランス調整が必要となる。

ポーカーの結果に内在するランダム性も、良い戦略を練るための慎重な調整も、オンラインでプレイすることで学習が容易になる。昔ながらのカジノプレイヤーは、後で分析するために重要な手を書き留めていたかもしれないが、新世代のプレイヤーは、自分がプレイしたすべての手をダウンロードし、ソフトウェア分析にかけることができる。これは、確率の計算における間違いを指摘するのに役立つだけでなく、他のプレイヤーに利用される可能性のある、自分のプレイスタイルのパターンを発見するのにも役立つ。

分析ツールの台頭は、すでにポーカーの次の進化を加速させている。プレイヤーたちはゲーム理論（隠された情報が存在するゲームにおける戦略的選択を扱う数学の一分野）から、ますます洗練された計算手法を活用している。プレイヤーがより洗練された理論を開発し、常に詳細なフィードバックから学んでゲームを向上させる以上、その進化が止まらないことは明らかだ。

いつ自分の直観を信じるべきか？

ポーカーの例は、不確実性の下で学習することの難しさを示している。プレイヤーは、確率論と強化されたフィードバックを利用して、生の経験だけでは容易に達成できないレベルまで意思決定を調整する。

しかし、強力な理論や強化されたフィードバックが容易に利用できない状況ではどうだろうか？ そのような場合、専門家はどのようにして有用な直観を身につけるのだろうか？ 驚くべき答えは、多くの場合、彼らも直観を身につけているわけではない、というものだ。

１９５４年、心理学者のポール・ミールは、*Clinical versus Statistical Prediction: A Theoretical Analysis and a Review of the Evidence*（臨床的予測対統計的予測：理論的分析と証拠の検証）という小冊子を著した。彼はこの本の中で、２つの意思決定方式を比較した。彼が「臨床的」

と呼んだ最初の方式は、医師やカウンセラーや裁判官が、個人の将来について予測するために事例を検討し、主観的な印象を述べることを指す。2つ目は「統計的」または「保険数理的」方法と呼ばれ、単純な数式を利用するもので、個人に関する基本的なデータを取り込んで答えを計算する。

多くの専門家が、**自分たちの専門的な意見は機械的な数式で置き換えることはできないと主張したにもかかわらず、ミールは統計的方法が臨床的判断を上回る傾向があることを発見した。**さらに、直観的な判断を上回るために、数式が特に複雑である必要もなかった。

社会学者のアーネスト・バージェスは、犯罪者の再犯率を予測するために3000件の仮釈放決定を調べた。バージェスはそれぞれの犯罪者に関する21の基本的な要素（たとえば年齢、前科、犯罪の内容など）のリストを作成し、それに基づいて仮釈放者に有利な要素の数を足し、不利な要素の数を引くという単純な計算を行った。その合計と、3人の精神医学の専門家の意見を比較したところ、バージェスの単純な計算結果は、成功の予測では精神科医をわずかに下回ったが、失敗の予測では精神科医を大きく上回った。しかもこの比較は少し不公平で、バージェスの加算方式がすべてのケースに適用されたのに対し、精神科医たちはより難しいケースでは意見を控えることがあった。**要するに、専門家の直観と単純な計算機を真っ向から比較した場合、計算機が勝利したのである。**

その後の数十年間で、100を超える研究が蓄積され、不確実性の下での幅広い意思決定において、単純な数式が直観的な判断よりも明らかに優れていることが示された。これらの結果を踏まえ、ミールは次のように書いている。「(臨床的アプローチと保険数理的アプローチを)比較した研究において、約5分の2で両方の精度はほぼ同等という結果が出ており、約5分の3では保険数理的アプローチの方が有意に優れていた」。興味深いことに、患者との長時間の面接、つまり方程式に簡単には当てはめることのできない豊かな物語的情報が追加された場合、実際には臨床医の成績は悪くなった。

ミールはこれらの一貫して悲観的な調査結果を踏まえ、**多くの専門分野において、単純なルールとモデルが直観的な判断に取って代わるべきだ**と提案している。たとえば精神科診断では、セラピストが自分の直観で判断するのではなく、症状のチェックリストに従うべきである。計算が確実に直観を上回る分野では、意思決定の精度を向上させることができる。また臨床医とアルゴリズムの性能が同等な分野では、通常は高額な専門家による長時間の検討が必要になるというのが現状なのに対し、単純なモデルであればスプレッドシートへの少量のデータ入力だけで効果的に計算できるため、膨大なコストを削減できる可能性がある。ミールが研究した臨床医たちは、熟練のポーカープレイヤーとは対照的だ。

なぜ臨床医は、単純な計算と比べてこれほどまでに劣っているのか? 一つの仮説は、直観は保険数理士が用いる加重和のアプローチ【複数の要因や変数にそれぞれ異なる重み（重要度）を割り当て、それらの値を合計して全体の評価や予測を行う手法】とよく似た働きをするが、単にそれほど正確ではない、というものである。この説明によれば、仮釈放の決定を行う精神科医は、無意識のうちにさまざまな要因からの証拠を同じように重み付けしているが、彼らは数式ほど正確ではないため、それが成績の悪さにつながっている。

主観的な判断が統計的な計算よりも劣る傾向にあるのは、私たちの直観が優れたストーリーテラーであり、過去の経験に基づいて鮮やかな物語を作り上げることができる一方で、たとえ平凡な情報を統合することが予測において有用であっても、それを実行するのが苦手だからである。

直観的な専門知識――それはスキルか、それとも過信か？

第4章では、専門知識がいかに知識を不可視化し、ほとんど熟考せずに優れた意思決定に至るように見せるか、その驚異的な力について議論した。しかしいま私たちは、専門知識が単純な計算をわずかに上回る程度の状況について考えている。これは一体どうしたことか？　専門知識は本物なのか、偽物なのか？　素早い判断は信頼性の高い正確なものなのか、それとも自信過剰な見せかけに過ぎないのか？

こうした疑問が、ゲイリー・クラインとダニエル・カーネマンの共著論文「直観的な専門知識のための条件：意見の不一致の失敗」で提起された。クラインは、自然な状況下で消防士たちと共に研究を行い、彼らが不気味なほど先見性のある、迅速な意思決定をしばしば行うことを発見した。カーネマンは対照的に、直観的な判断とその頻繁な失敗の研究に研究人生を捧げた。彼らの研究内容は、専門家の直観のメリットをめぐる議論の対極に位置していたが、「真の専門知識」を身につけるために必要な状況について、2人はおおむね意見が一致していた。

直観的な判断（認識）が真に熟練したものとなるためには、2つの条件を満たさなければならない。第一に、環境が状況の本質に対して十分に有効な手がかりを提供している必要がある。第二に、人々がその手がかりを学習する機会を持つ必要がある。

専門家による判断は、弱い手がかりを数多く組み合わせることで予測力を得る場合、統計的アプローチよりも精度が低くなる傾向がある。逆に、「単純かつ有効な手がかりが存在する場合、人間は十分な経験と迅速なフィードバックを与えられれば、それらを見つけることができる」とクラインとカーネマンは書いている。

つまり意思決定を行う際、環境に適応していて高い予測力を持つ特徴がある場合、専門家の直観はかなり正確なものになる傾向がある。それとは対照的に、健全な意思決定を行うために、結果とわずかしか相関していない数多くの特徴を加味する必要がある場合、単純なルールの方が上手くいく傾向がある。

もちろん、専門知識は直観的な判断だけに限定される必要はない。ポーカープレイヤーは、何万手もプレイした経験から得られる、認識に裏打ちされた直観力を身に付ける。しかし優れたプレイヤーは数学も知っており、直観から魅力的に感じられる選択肢があったとしても、それをオッズが許さない場合は覆すことができる。

自分の直観に限界があると認識することは、真の専門知識を運用する上で強力な優位性となり得る。データに頼るべき時に、適切にそうすることができるからだ。

悪質な学習環境を克服できるか？

ポーカーは、チェスやチェッカーに比べて不確実性が大きいものの、クラインとカーネマンが主張する「学習しやすい環境」の特徴を備えている。オンライン等でフィードバックは即時に得られ、結果を解釈するための強力な数学理論も存在する。しかし、私たちが習得したいと考えるスキルの多くでは、これほど有利な条件は揃っていない。多くの人々は、ミールが研究した状況に近い状態にあり、長年の経験から相当な自信を持っていたとしても、その直観は期待外れという状況だ。この対比を踏まえると、自分の状態を少しでもポーカープレイヤーに近づけ、見当外れな予測をしないためにはどうすればよいか、考えてみる価値があるだろう。

一例を挙げると、主要な政治的出来事を予測することは、極めて難しい学習環境における作業となる。出来事には複雑な要因が絡み合っており、単一の原因や要素だけで結果を説明することはできない。まったく同じ状況というのは繰り返されないので、同じ状況を何度も経験し、失敗のフィードバックから学ぶということもできない。

小さな変化が大きな影響を引き起こすこともある。チュニジアの果物売りの抗議行動が、アラブの春を引き起こすことを誰が予測できただろうか？　あるいは中国・武漢でのウイルス発生が、1年後に米国の高校生が自宅で試験を受ける事態につながることは？

そうした困難にもかかわらず、専門家の知識に基づく予測は非常に重要だ。政治家、ビジネスリーダー、株式トレーダー、評論家など、多くの人々が未来を少しでも明確に予測することに依存している。

専門家はどの程度の精度で予測を行っているのだろうか？　これは心理学者フィリップ・E・テトロックが「エキスパート・ポリティカル・ジャッジメント・プロジェクト（専門家の政治判断プロジェクト）」で数十年にわたり問い続けたテーマである。

さまざまな分野の専門家が参加し、南アフリカでのアパルトヘイトの崩壊やソ連の解体、ケベック州がカナダから独立するかどうかなど、まだ起きていない出来事が発生する確率を評価することが求められた。専門家たちは偶然よりもわずかに良い成績を収めたが、その差はごくわずかだった。専門知識は大きな自信をもたらしたが、その自信が予測の正確さに結びつくことはなかった。テトロックは「予測者が自分のパフォーマンスを良いと感じるほど、実際のパフォーマンスは悪いという逆説的な関係が見られた」と書いている。不確実性の下での専門知識に関する他の研究と同様に、彼の研究でも専門家は初心者より優れた成績を収めたが（カリフォルニア大学バークレー校の心理学の学部生を大きく上回った）、過去の傾向に基づいて予測する単純なモデルに対しては明らかに劣っていた。

典型的な専門家は偶然より少ししか良い成績を残せなかったものの、テトロックは驚くほど正確な予測を行うことのできる人々のグループを特定することができた。特に、**優れた予測者と劣った予測者の大きな違いは、複数の矛盾する視点を統合できる能力にあった。**予測の精度が低い人々には、あらゆる状況を単一の包括的な世界観に当てはめる傾向が見られた。そうした自信と一貫性は、説得力のある意見論文や、よく引用される学術論文を書く際には役立つかもしれないが、現実世界の複雑さに対処しようとする際にはあまり効果的ではなかった。

一方で優れた予測者には、ハリー・トルーマン大統領が不満を漏らした専門家に近い傾向が見られた。トルーマンは一貫性のある経済学者を欲していたのだが、それは経済学者が常に

「その一方で（on the one hand）」と曖昧な答えをするからだった。そうした曖昧さは煩わしく感じられるかもしれないが、優れた予測者は異なる視点を慎重に組み合わせることで、より正確な予測を行うことができた。知的な自信は支持者を引きつけるかもしれないが、知的な謙虚さこそが、将来の出来事に対して正しい判断をするための重要な要素であることが示されている。

優れた予測で良質なフィードバックを得る

政治判断における専門家の研究を基に、テトロックは優れた予測者を特定し、訓練できるかどうかを確認したいと考えた。彼は米国のインテリジェンス高等研究計画活動（IARPA）が主催した、巨額の資金を投入して開催された予測トーナメント（米国の情報機関の政治的予測能力を改善するためのより良い方法を見つける目的で行われた）に参加した。するとテトロックの超予測チームは、機密データにアクセスできたチームさえも上回り、対照グループを60〜78％も上回る成績を収めた。そしてこのプロジェクトを通じて、テトロックは予測者が有用な予測を行うことを可能にするいくつかの戦略を特定した。

1. **大きな判断を小さな判断に分割する：**直観はしばしば、尋ねられている質問を、「似ているがより答えやすい質問」に置き換えることによって機能する。優れた予測者は、この誘惑に抵抗し、質問を小さな部分に分割していた。

たとえば、パレスチナの政治家ヤセル・アラファトの遺体から放射性毒物が検出されるかどうかを予測するよう求められたとき、経験の浅い予測者は、イスラエルのスパイが彼を毒殺した可能性についての自分の意見を述べることに置き換えてしまうかもしれない。しかし賢い予測者は、まずこの問いをいくつかの部分に分解する。毒物はどのように分解されるのか？　何年も経ってから検出される可能性はどのくらいか？　彼の体内でどのように発見される可能性があるのか？

このように複雑な質問を複数の部分に分解することで、優れた予測者は、質問を「しっくりくる」別の質問に置き換える誘惑に抵抗していた。

2.　ベースレートを活用する：単純な公式が人間の直観よりも優れている主な理由は、人々が耳目を引く情報の存在を過大評価し、それに比べて平凡な手がかりを軽視する傾向があるからだ。テトロックの超予測者たちは、その傾向に逆らい、同種の出来事の全体的な確率を明確に把握するよう努めた。軍事クーデターが成功する頻度はどのくらいか？　NASDAQが1年後により高い値で取引を終えることはどのくらいあるのか？　全体的な確率を活用することで、私たちはより細かな予測を行う前に、適切な範囲内から予測を始めることが可能となる。

3.　建設的な意見の相違を目的としたディスカッショングループを形成する：テトロックは、予測においてはチームが個人よりも良い成績を収めることを発見した。特にグループで議論して情報を共有することが許されると、より多くの視点を集約して、単一の視点からの結論へ飛躍してしまうのを減らすことが可能になる。

4.　記録の曖昧さを排する：良質なフィードバックを得るためには、曖昧さを排し、可能な限り具体的な形で記録を残すことが重要だ。

曖昧で具体性のない言葉遣いをやめることによってのみ、予測者は貴重なフィードバックを得て、将来の意思決定を調整することができるのである。

テトロックの超予測者たちは予言者ではない。優れた予測者であっても、10年先のことはあまり予測できない。世界はあまりにも予測不可能であり、強化されたフィードバックや直観の過信を避けるための厳格な方法を用いても、学習が十分に行えないことがある。しかしテトロックの実験は、学習環境の多くに潜む「厄介さ」をある程度抑えることができる可能性を示唆しており、それによって不完全ではあっても、真の専門知識を身につけるための効果を高めることができる。

不確実性の下での学習戦略

単純な経験は、真の専門知識を保証するものではない。ポーカーのような比較的学びやすい環境でも、確率に対する正しい理解や適切なフィードバックによってしっかり訓練されていないと、迷信や誤った判断につながることがある。より学習が難しい環境では、その結果は壊滅的なものになり得る。実践経験を何十年も積んだとしても、いわゆる「専門家」が単純な集計にすら勝てない場合がある。

それでも、テトロックの予測実験が示すように、状況は絶望的ではない。正しいアプローチを採用すれば、より良く考え、より良い判断を下すことができる。不確実性の中でより良く学ぶための、4つの異なる戦略を見ていこう。

戦略1：モデルを使う

直観的な判断の弱点を避けるための最も明白な戦略は、単純にそれを使わないことだ。たとえばポーカーなら賭け金が適切かどうかを感覚で判断するのではなく、手札が完成する確率を計算し、賭け金に対して期待される利益に基づいて、賭けるべきかどうかを判断する方が効果的である。他の多くの専門分野においても、これと同じように**直観的な推測を統計に基づいた**

モデルに置き換えることで、専門知識はより強化されるだろう。

そうしたモデルは複雑である必要はない。ある行動をすべきかの判断に賛成または反対する要因を数えるのは簡単で、しかも主観的な判断よりも優れた結果をもたらすことが多い。情報をスプレッドシートに入力すれば、データに最も適合する加重和を簡単に得ることができ、そこから最適な選択肢を判別できる。

戦略**2**：結果のフィードバック以上のものを得る

結果のフィードバックだけでは、正確な直観を養うには不十分なことが多い。自分にとって55％の確率で有利な賭けなのか、逆に不利な賭けなのかの違いを明らかにするには、何百回ものプレイが必要になるかもしれない。しかしこのわずかな優位性は、長期的には、勝つプレイヤーと負けるプレイヤーの違いを生む重要な要素となる。

同様に、多くの職業における結果のフィードバックは散発的なものだ。採用担当者は、自分が素晴らしい人材を発掘したと自画自賛するかもしれない。しかし同じ採用担当者が、有望な人材でありながら、面接であまり良い印象を残さなかった候補者を見送ってしまったことを反省する機会はどれほどあるだろうか？

研究を通じて、予測者に結果のフィードバックを提供するだけでは、彼らのパフォーマンスを向上させるには不十分であることが分かっている。ある実験では、人々がより多くの経験を積むと、彼らの成績が悪化した場合すらあった。

これを改善するためには、フィードバックの質を向上させることが必要になる。まずは**自分の決定を記録し、私たちの不完全な記憶が実際に起こったことを歪曲してしまうのを防ぐこと**が重要だ。

次に、**自信の度合いを調整する**必要がある。テトロックは予測者たちを、予測が実際に当たったかどうか（つまり予測したことが起きる確率が高かったか）だけでなく、予測に対する自信が適切だったかどうかでも評価した。たとえば99％の確率で起きると考えたイベントが、実際に99％の確率で起きていたかどうか、というわけである。

患者の予後、将来の売上、世界の出来事などさまざまな予測において、自分の予測がどれだけ正確に調整されているかに関するフィードバックを得ることが重要になる。過信してしまうと、ミスを犯す決定を下すことにつながる可能性があるからだ。

戦略3：ブレイントラスト（アドバイスを得られる仕組み）を構築する

一つの頭脳よりも、複数の頭脳の方が優れている。友好的な議論を許容するグループに参加することは、自分の意思決定の質を向上させる上で2つの明確な利点がある。

第一に、より多くの情報を集約することを可能にする点だ。第二の利点は、議論によって思考が研ぎ澄まされる点である。心理学者のデビッド・モシュマンとモリー・ゲイルは実験を行い、個人ではわずか数%しか正解しなかった問題をグループで議論しながら解かせたところ、正解率が75%に跳ね上がった。もし議論が単に平均化のプロセスに過ぎないのだとしたら、議論の末に最も多くの人々から選ばれた誤答が選ばれることになるはずだ。しかしこの質問をグループに解かせると、正しい解決策を見つけた人々は、たとえ少数派であっても、他の人々を説得できることが多かった。また興味深いことに、最初は誰も正答を導き出せていなくても、最終的に正答に達することができたグループもあった。完全に個人で考えるよりは、議論のほうが正解にたどり着く可能性が高くなるのである。異なる視点を持つ仲間とグループを形成し、困難な問題を議論することで、多角的な思考を実現できるだろう。

戦略4：直観を信じるべき時（と信じるべきではない時）を知る

おそらく、直観に関する研究から得られる最も価値のある教訓は、直観が成功しやすい状況と、過信に陥りやすい状況を明確に区別するというものだ。**直観は、はっきりとした手がかりが確実に将来を予測し、また迅速なフィードバックを得て学ぶことができる場合に最も効果を発揮する。**しかし、こうした有利な条件が欠けている場合は、より慎重にならなければならない。そのような場面で真の専門知識を発揮するには、**直観を超えて、過去のデータや明確な推論に基づくシンプルな見積もりに頼ること**が必要になる。そうすることで、直観が難しい問題を簡単な問題にすり替える誘惑に陥るのを回避できる。

経験と現実

フィードバックは私たちの判断を調整する役割を果たすが、多くの動的なスキルにおいて、さらに重要な役割を果たす。次章で紹介する物理的環境および社会的環境との相互作用は、私たちが取り組む練習が、実務で使われるスキルを確実に習得するために不可欠な要素である。

第10章 実践で現実と向き合わなければならない

私たちは弁護士、兵士、商人など色々な役割を演じることで、その役割に合った振る舞いを学ぶ。牧師の教えではなく、人生が行動を教えるのだ。

——オリバー・ウェンデル・ホームズ・ジュニア、法律家

■現実に即した練習はどのくらい重要か？
■なぜ教室で学んだスキルは、実際の生活で使えるレベルに達しないことが多いのか？
■スキルが実際に使用される状況をつくるためにはどうすれば良いのか？

モデルケース：パイロットの訓練改革

1977年3月27日、テネリフェ島のロス・ロデオス空港の滑走路で起きた航空機の衝突事故は、パイロットの焦りとコミュニケーションにおける齟齬から生じた。大幅な遅れを取り

戻すため、管制塔からの離陸許可が出ていないうちから離陸許可が出たと誤解し、滑走路で機体を加速。同じ滑走路を移動中の別機体と衝突し、583人が死亡した。今日に至るまで、テネリフェで起きたこの事故は史上最悪の航空事故の一つとして残っている。

だが、航空機がかかわる大惨事のニュースが私たちの関心を引くのは、裏を返せば日常では航空機が比較的安全な乗り物であるからでもある。移動距離1マイルあたりで比較すると、自動車、バス、列車に乗っている時の方がはるかに危険に遭う可能性が高い。しかし、航空機が常にこれほど安全だったわけではない。初期のパイロットたちは、空に飛び立つ度に重大な危険に直面していた。今日の安全性は、パイロット訓練の質と、その訓練法を編み出した人物に負うところが大きい。

良くも悪くも、多くの新技術は戦場でその真価が発揮される。航空機も例外ではない。ライト兄弟の伝説的な飛行からわずか10年後、欧州で第1次世界大戦が始まったのである。

英国は長らく強力な海軍に依存し、国土を守り、海外の植民地を支配してきた。しかし、空の戦いでは劣勢に立たされていた。この不利な状況の一因は技術的なものだった。ドイツはアントニー・フォッカーが設計したアインデッカー機を導入することで優位に立った。この戦闘機によって、パイロットは回転するプロペラの隙間から、機関銃を直接発射することができるようになった。

ドイツの優位性は、技術的な卓越性だけではなかった。英国の大きな欠点は、劣悪な訓練体制にあった。平時に策定されたカリキュラムでは、航空機の機械的な操作や構造、飛行理論に重点が置かれており、実際に航空機を操縦する機会が著しく不足していた。教官は生徒を連れて飛行し、操縦の操作を見せることが多かったが、2人乗りの席がない場合、生徒は翼の支柱につかまりながらデモンストレーションを見るしかなかった。理論上では、生徒が操縦できると判断された時点で、教官と生徒が席を交代し、生徒が操縦桿を握ることになっていた。しかし実際には多くの教官が墜落を恐れ、生徒に操縦させることをためらった。その結果、多くのパイロットが、自分が操作するはずの航空機を一度も操縦せずに前線に送られることになり、最初の飛行で命を落とした。

この状況を厳しく批判していたのが、ロバート・スミス＝バリー少佐だった。1914年の墜落事故で両足を骨折し、片方の足に障害が残った彼は、訓練不足のパイロットたちの擁護者となっていた。彼は1916年に「彼らはたった7時間しか飛行訓練を受けていないんだ、これは虐殺に等しい行為だ」と書き、「飛ぶことさえやっと覚えたばかりで、戦うどころではない」と訴えている。スミス＝バリーは一連の手紙を王立陸軍航空隊の司令官ヒュー・トレンチャードに送り、現在の訓練方法では新兵は「フォッカー機の餌」でしかないと不満を述べた。手紙を読んだトレンチャードは苛立ちを隠さず、「もう泣き言はうんざりだ。自分がもっと良い方法を考えられるなら、やってみろ」と答え、スミス＝バリーをイングランドのゴスポートにあった訓練施設の責任者に任命した。

スミス＝バリーは訓練プログラムを抜本的に見直した。そして緊急時に教官が機体を操れるよう、生徒と教官の双方が操縦できるデュアルコントロール（複座）システムを訓練機に導入した。また、理想的な条件下での安定した飛行ではなく、教官が意図的に機体をスピンさせたり急降下させたりして、生徒にそこから回復するよう求めた。

さらにスミス＝バリーは教室でのカリキュラムも見直し、理論の授業を減らして、飛行時間を増やすようにした。彼は「生徒は常に操縦席に座るべきだ」と信じていた。航空機を操縦する方法を学ぶには、実際に操縦することが一番であり、スミス＝バリーはそれを安全に教える手段を見出した。

スミス＝バリーの改革は驚くべき成功を収めた。彼の手法の導入前は、訓練飛行において約10回に1回の頻度で墜落事故が発生していたが、導入後はこれを約3％にまで減少させた。その一方で、生徒に教える飛行操作の難易度を向上させた。

この強化された訓練により、パイロットの生存率も向上した。1918年の攻勢拡大に伴い、航空機の数は354％増加したが、死傷者数の増加は65％に留まった。そして事故が発生しても、その深刻度が低くなった。スミス＝バリーの訓練改革以前は、「墜落事故の大半は致命的であり、重大な操縦ミスによるものであった」と歴史家ロバート・モーリーは記している。しかし改革後の事故は「ほとんどが着陸時に発生し、致命的ではなく、航空機が破壊されるほど深刻なものはほとんどなかった」のである。

戦後、スミス＝バリーのパイロット訓練改革は英語圏の国々で広く採用された。スミス＝バリーに対して最初は不満を抱いていたトレンチャードも、後に彼のパイロット訓練への貢献を認め、「世界の空軍に飛び方を教えた男」と称賛した。

スミス＝バリーの経験が示すように、航空機の操縦は教室ではなく、実際のコックピットに座ってみて初めて学ぶことができる。その主な理由は、操縦スキルが動的であるためだ。つまり航空機を操縦する際の思考は、パイロットと航空機との間の絶え間ない対話であり、それはパイロット単独では効果的に練習することができない。

それと同時に、航空機の操縦は、人間と機械の対話だけでなく、パイロットと周囲の社会的環境との対話でもある。航空機の操縦において高い技術を持つパイロットであっても、現場での適切なコミュニケーションを怠れば、危険な盲点を抱えることがあるのだ。

現実的な練習はどの程度重要か？

現実的な練習は動的なスキルを習得するために欠かせないが、必ずしも容易に行えるものではない。スミス＝バリー以前のパイロット教官たちは怠慢だったかもしれないが、非合理的だったわけではない。航空機の操縦桿を生徒に渡すことには大きなリスクが伴い、10回に1回の確率で墜落の危険があったのだ。コストも無視できない。長時間にわたる教室での講習が熟練パイロットを生み出さなかったとしても、航空機の数が限られている状況では、それは航空機の使用を効果的に配分する方法だった。

これらの問題は、航空業界に限られたものではない。医師も同じジレンマに直面している。医療従事者の不足は、講義室の座席数の問題というよりも、その教育を請け負う病院の研修枠が不足していることに起因している。

また多くの国では英語力が重視されるが、ネイティブスピーカーと接する機会はなかなか無いのが現実だ。そのため、幼児が言語を習得する際に効果的な没入型の学習方法は、多くの言語学習者にとっては実用的ではない。

現実的な訓練の中には危険を伴うものもあり、また費用がかさんだり、実施しにくいものであったりする。そこで多くの研究者が、現実的な訓練が特に必要になるタイミングはいつで、どのような場合かを理解しようとしてきた。実際の訓練と仮の訓練との差を示す象徴的な例がフライトシミュレーターである。

フライトシミュレーターはどの程度役に立つのだろうか？　研究結果は一貫した見解を示している。シミュレーターは、飛行訓練の初期段階において、実際の航空機よりも優れた効果を発揮する傾向がある。しかし、**訓練生がある程度の経験を積んだ後は、シミュレーターでの時間は実際の操縦席での追加訓練ほど効果的ではなくなる。**一部の研究では、シミュレーターでの訓練時間が長くなると、パイロットが実際の航空機には存在しない要素に頼るようになり、最終的には有害になることも示されている。

航空訓練におけるフライトシミュレーターの応用を専門とする心理学者のスタンリー・ロスコーは、シミュレーターでの訓練の効果は、次第に衰えるカーブを描くと仮定した。彼は1971年のシミュレーターの現状について、「地上のトレーナーにおける最初の1時間の指導は、単独飛行前の訓練で1時間以上の時間を節約できる。しかし地上のトレーナーでの15時間目の指導が、同様の効果をもたらすことはまずないだろう」と書いている。後続の研究も、スタンリー・ロスコーが示した曲線を支持している。

学習の初期におけるシミュレーターでの訓練が、本物の航空機を使った訓練よりも有用なのはなぜだろうか？　初心者にとって、飛行は圧倒されるような経験であり、ストレスの多いものだ。しかしシミュレーターによる単純化によって、飛行の基本が理解しやすくなる可能性がある。研究者のウィリアム・モロニーとブライアン・モロニーは、「高い忠実度や『リアルさ』が強調される一方で、シミュレーターは実際には現実的ではない。ある意味で、その非現実性が効果的である理由かもしれない」と書いている。

初心者にとっての単純化の有益性を示す証拠は、1990年に行われた、着陸手順をシミュレーターで訓練した研究から得られた。この研究では、一つのグループは横風がある状態で訓練し、もう一つのグループは横風なしで訓練した。そして横風のある状態でのテストを実施したところ、より良い成績を収めたのは、横風なしで訓練したグループだった。横風によって生じる動きが、操縦桿がどのように飛行機の動きに影響を与えるかを理解するのを難しくしていたと考えられる。

ただ、実際に航空機を操縦するというのは単に操縦桿を操作するだけの話ではない。**周囲の社会環境を無視することはできないのである。**航空機という機械のシミュレーションだけでも難しいのに、職場の文化をシミュレートすることはほぼ不可能だ。

シミュレーターが教えられるのは標準的な操作手順までで、それが実際にどのように行われるかは、人々がその技術を実践することで有機的に生まれるプロセスが関係している。**熟練するには、社会的環境を上手く乗り越える必要がある。**

外界からのフィードバックループが不可欠

航空業界がパイロットの技能向上における広範な相互作用の重要性に気付きつつあった頃、

一部の心理学者も、日常生活における思考と自らの学問の間に乖離が生じていることに疑問を抱き始めていた。ウルリック・ナイサーは、著書『認知と現実（Cognition and Reality）』において、実験室という特殊な環境での問題解決や学習の研究が、実際の思考の重要な側面を見落としているのではないかと懸念した。「状況的認知【認知科学の一分野で、知識や認知が個人の頭の中だけでなく、環境や社会的状況に強く依存しているという考え方】」は、人が個人としてどのように考えるかだけでなく、その思考が物理的および社会的環境によってどのように制約され、促進されるかにも焦点を当てた運動として始まった。

状況的認知の分かりやすい例として、野球でフライを捕る技術が挙げられる。ボールの正確な軌道を計算するのは非常に難しく、重力や風、さらにはボールの回転まで考慮した微分方程式の理解が必要になる。ボールがどこに落ちるかを正確に計算するのは、ほとんどの人々の精神能力を超えた技となる。

では、私たちはどうやって野球をプレイしているのだろうか？　その答えは「ショートカット（近道）」を使うことだ。ボールを追いかけながら、飛んでくるボールとの角度を一定に保つことで、計算をせずともボールの落下地点にたどり着くことができる。**このスキルを発揮し、キャッチを成功させるには、環境との間の絶え間ないフィードバックループが必要になる。**物理学者志望の学生は、教室でボールの軌道を計算する練習をすることができるが、外野手はそうはいかない。

状況的認知の支持者たちは、思考が外界からの絶え間ないフィードバックを必要とするこうした相互作用は、ボールを捕ることや航空機を操縦することに限定されないと主張している。たとえば、エンジンをかけて異音がしないか確認する自動車整備士、製品を大量生産する前にテスト品を作る起業家、ソースを味見してからスパイスを追加するかどうか決めるシェフなども、即興的なプロセスに関与している。この見方に立てば、整備士、起業家、シェフが持つ知識は、彼らが実践する環境を考慮しなければ理解できない。彼らの頭の中にある知識は、物理学者が計算で導き出した机上の理論よりも、むしろ現場で磨き上げた外野手のテクニックに近いと言える。**つまり明確な理論に頼るのではなく、世界との相互作用に依存しているのである。**

即興的なプロセスは、他者とのやり取りにも及ぶ。たとえば保険金請求処理担当者は、複雑な案件において保険金を払うかどうかを判断する際に、同僚に相談する。そうした会話が積み重なることで、時間とともに、プロトコルの適用に関する集団的な解釈が形成される。新しい担当者がチームに加わると、その人物は標準の作業手順だけでなく、より経験豊富な同僚たちによるその手順の解釈にも適応しなければならない。

このプロセスはあらゆる職業で見られる。たとえば、科学者は自分の研究成果を事実として発表する前に、同僚の研究者たちによる判断を仰がなければならない。また弁護士は、「合理的な人物にふさわしい行動基準」といった曖昧な用語の意味を現実世界において交渉する必要がある。**そうした知識は、それが生成された現実における文脈と深く結びついているために、現実から切り離して机上の理論として学ぶのは難しいことが多い。**

現場参加の「切符」と、現場に立つ「効用」

人類学者のジーン・レイヴは、彼女の学生であったエティエンヌ・ウェンガーと共同で、人々が共同体の中で知識やスキルを身につけていく過程を説明する「正当的周辺参加」理論を提唱した。レイヴは、西アフリカの仕立屋を対象としたフィールドワークに基づいて、見習いが熟練者から明示的な指導を受けることはほとんどないという点を発見した。代わりに、実際の仕事に段階的に参加することによって、見習いは「熟練し、尊敬される仕立屋の親方になることができ、その例外は驚くほど少ない」ことが分かった。

「正当性」と「透明性」は、このプロセスにおいて中心的な役割を果たす。「正当性」とは、ある人物がコミュニティのメンバーから受け入れられ、完全な参加に至るまでの過程を指す。たとえば、資格のない研究助手と博士課程の学生が同じような作業を実験室で行っていたとしても、後者だけが科学者になるための正当な道を歩んでいると見なされる。同様に、ある人物がいくら法律の知識を豊富に持っていたとしても、裁判所の目から見た場合、法学位を持たないことが大きな問題となる。

しかし資格は、正当性が目に見える形で現れたものの一つに過ぎない。たとえば管理職になるための道について、社内昇進のみを非公式なルールとしている会社は、中途採用による抜擢など他の道筋の正当性を暗黙のうちに否定していることになる。

もう一つの「透明性」とは、コミュニティ内の文化的な慣習を観察し、理解できることを指す。**実践的なスキルを養うためには、実際の現場で慣習を観察できる環境が不可欠だ。**たとえばレイヴとウェンガーは、食料品店での例として、肉切り作業を担当する見習いが、熟練を積んだ人物とは別の場所で作業していたことを記録している。ある見習いは、「現場に行くのが怖い。そこにいると場違いな感じがするんだよ。そこで何をすれば良いかわからない」と語った。実際の作業を見られない環境では、見習いは形式的な指導に頼るしかなく、その指導も実際の仕事ではほとんど使われないスキルに重点を置いていることが多かった。

レイヴとウェンガーは、学習は単に頭の中で行われるものではないと主張している。**学習とはコミュニティ全体で行われる活動であり、新しいメンバーの文化適応と、グループ内外との相互作用を通じて維持される、実践の進化を含むものである。**彼らはこの考え方に基づいて、広範な学校教育よりも、徒弟制度の方が実践への道筋として適していると論じている。

非公式な学習における落とし穴

実践を通して学ぶことを美化するのは簡単だが、実践による学習には、教室での座学と同じくらい多くの欠点がある。既に説明したように、専門家は往々にして、自分が行っているスキルの根拠を明確に説明できないため、ひどい教師になってしまうことが多い。そしてたとえ説明できたとしても、教える時間がないことがよくある。大企業のインターン生はしばしば、ゆっくりと職業に慣れる機会を与えられるというより、安価な労働力として搾取されてしまう。

地位の高いグループの既存メンバーは、実践的な現場を得ようとする新規参入者に対して障壁を設けるかもしれない。そうした障壁は、競争を制限し、既存メンバーの名声を維持するために機能する。また彼らには、料金を吊り上げ、専門職が提供する不可欠なサービスへのアクセスを制限する傾向もある。

共同体の相互作用から生まれる非公式な文化は、必ずしも良性であるとは限らない。チームワークやサポートと同様に、いじめや嫌がらせも起こり得る。

こうした懸念にもかかわらず、社会的な世界を無視することはできないようだ。このことは、ある分野に参入しようとしている初心者にとっても、その分野が公共の利益に資することを願う教育者にとっても同様だ。

新規参入者は、習得したいスキルの内容だけでなく、それを実践する場へのアクセスを可能にする社会的環境にも注意を払う必要がある。教育者や雇用主は、たとえ教訓や理念やマニュアルを定めたとしても、最終的にその業務を行う人々による調整を経て、実践の中で初めて生まれるものであることを認識しなければならない。実地で悪い慣習を生んで学習者の障壁とならないよう、注意を払う必要がある。

現実の生活の中で学ぶための教訓

状況学習【学習はその知識が適用される文脈の中で行われるという考え方】は、現実世界における実践の必要性を強く示唆している。授業やシミュレーションは最初の段階では不可欠かもしれないが、最終的には、すべてのスキルは現実世界での実践を通じて維持されなければならない。ただ、実践の場を得るためには社会的制約を伴うことがある。希望する「現場」に立つ前に障害となりうる要素をどう克服していくべきか、最後に教訓を紹介しよう。

教訓：スキルとシグナルを区別する

本物の実践を経験できる機会は限られていることが多いため、それを最も優秀な候補者に限定して与えたいと考えるのは自然なことだ。しかし、実践の場を得るための能力の証明として必要なスキルと、その実践の場を得た後に必要なスキルが一致しない場合があり、学習者は考慮する必要がある。

シグナリング理論は、私たちが多くの時間と費用をかけて受ける教育は、職場で役に立つスキルを教えたり、意識の高い市民を育成したりするためではなく、それが限られた良い職や職場でのトレーニングの枠を、最適な候補者に割り当てるためのフィルターとして機能するように設計されていることが多いと主張している。

ブライアン・カプランは、著書『大学なんか行っても意味はない?』で、実際の経済活動においては、人的資本理論（学校が役立つスキルや知識を教え、生産性を高めるという考え方）や能力バイアス理論（頭の良い人はたとえ大学を中退しても高収入を得るだろうという考え方）よりも、シグナリング理論のほうが合致すると主張している。彼が引用する根拠の一つに「羊皮紙効果」がある。これは、大学生が卒業年度を迎えると、その1年間の教育に対する見返りが劇的に上昇する現象を指す。もし人的資本理論が正しければ、学生たちは大学に在籍した1年ごとに徐々に生産性が上がる（そしてそれに従ってより高い賃金を得る）はずだ。しかし学校教育が主に知性や社会的適合性をアピールするために存在するのだとすれば、大学教育の価値の大部分は学位を取得することで得られると考えられる。

全く無意味な活動でも、一般的な能力をシグナルとして示す価値があるというのは極端な例だ。実際には、大半の成長機会は能力を高めるものであると同時に、才能を信頼できる形で伝えるものでもある。

新しい技術の資格を取得したプログラマーと、非公式に勉強した人とは同程度の知識を習得しているかもしれないが、履歴書にそれを記載できるのは前者だけだ。同様に、大きなプロジェクトでチームを成功に導いたマネージャーは、リーダーシップに関する有益なアイデアをいくつか得たかもしれないが、昇進のためには、彼の成功が目に見える形で示されることの方が重要だ。シグナリング理論は、単に優秀になるだけでは不十分であり、それを示す方法を見つけなければならないことを意味している。**実践の場に立つためには、能力を信頼できる形で伝えるためのシグナル的要素を考慮する必要がある。**

もしも現場で活躍するチャンスを得たければ、しっかりと調査をし、その分野が求めるシグナルとスキルを明確に把握しておく必要があるだろう。

何かを習得しようとすれば、現実世界における実践を統合することが不可欠だが、それだけでは十分ではない。上達には、自分の間違いや誤解を正すことが必要となる。次の章では、新しいことを学ぶだけでなく、悪い習慣や誤った考えを「学び直す」ために、フィードバックがいかに重要であるかを見ていこう。

第11章

上達は直線的ではない

知恵とは、新しいことをより多く知ることではなく、誤ったことをより少なく知ることである。

――ヘンリー・ウィーラー・ショー、作家

- 上達する前に、まず下手になる必要があるのはいつだろうか？
- アンラーニング（学習棄却）のリスクは何か？
- なぜ修正的フィードバックが無いと、進歩が最終的に停滞してしまうのだろうか？

モデルケース：タイガー・ウッズのスイング再構築

タイガー・ウッズはゴルフ界の頂点に立ったが、彼ほど自身が取り組むスポーツを支配したアスリートはいない。彼は生後10か月で、乳児用の椅子から降り、プラスチックのクラブで父親のゴルフスイングを真似した。2歳の時、彼はテレビ番組『マイク・ダグラス・ショー』に出演して全米デビューを果たし、観客の前でボールを打ち上げ驚かせた。15歳で史上最年少の全米ジュニアアマチュア・チャンピオンとなり、その後3連覇を達成。スタンフォード大学を中退してプロに転向した彼は、マスターズ・トーナメントで12打差という記録的な大差をつけて優勝した。この驚異的な成功の後、ウッズは誰も予想しなかったことをした。ゴルフクラブのスイング（振り方）を完全に変えることを決めたのである。

ウッズはその長く力強いドライブショットで知られており、インパクト時にボールに時速200マイル（約320キロ）ものスピードを与えるために、ムチのような動きに頼っていた。十分な力を生み出すために腰を高速で回転させ、その動きに腕が追いつけないこともあった。この遅れにより、彼のクラブフェース【ゴルフクラブのヘッド部分の、ボールと接触する面のことを指す。この面がボールに対して真っ直ぐ向いているとボールは直線に飛ぶが、右に向いていると右に、左に向いていると左に曲がりやすくなる】は外側を向きがちだった。つまり、そのままではボールが右方向に飛び、フェアウェイから大きく外れてしまう。

ウッズは運動感覚的な直感により、スイングの最中にこの矛盾を修正することができた。腕が腰の動きに追いつけなくなると、彼はクラブフェースを回転させるために手をわずかにひねり、ボールを正面から打つことができたのである。しかしこの即興の動きは、運と正確性に左右されるものだった。「タイミングが完璧だったから勝てた」と、ウッズはマスターズでの自身の最多優勝記録を分析し、「それができなければ、勝ち目は無い」と述べている。少なくとも理論上は、ウッズはスイングを変えることで、アスリートとしての天賦の才能に加えて、安定したショットを得ることができるはずだった。

しかしスイングを再構築するという決断は、リスクを伴うものだ。他のゴルファーたちは、スイングを変えようとした結果、プロとしての夢を打ち砕かれてしまっていた。デービッド・ゴセットは、19歳で全米アマチュア選手権に優勝し、ゴルフの神童と見なされていた。プロ入り後、彼は自分のスイングが十分ではないと判断した。この判断ミスが彼のキャリアを台無しにした。「素晴らしい万能のスイングを追い求めるのは現実的ではない」と、彼は後に記者たちに語っている。チップ・ベックはＰＧＡツアーで4勝したが、ボールをより高く打つためにスイングの再構築を試みた。結果的に数年後、彼はゴルフを辞めて保険のセールスマンになった。

スポーツジャーナリストのスコット・エデンは、「ゴルフ界の常識として、すべての人には『生まれつき』または『自然な』スイングがあると信じられている。そして、その自然なスイングをいじることは、魂をいじることに等しい」と書いている。競争が激化したわけでもないのに、ウッズが記録的な成功を収めた後にこのような根本的な改造を検討することは、狂気の沙汰と見なされた。あるコメンテーターは、まるでマイケル・ジョーダンが、遊び半分に左手でジャンプシュートを打つことに決めたようなものだと主張した。

リスクを承知の上で、ウッズは中途半端で終わらせようとはしなかった。スイングコーチのブッチ・ハーモンが示した修正点を徐々に導入するのではなく、彼は一度にすべてを実行したいと考えた。「この修正を行いながらプレーし続けるのは簡単ではない」とハーモンは警告したが、ウッズの答えは「構わない」だった。彼は史上最高のゴルファーになりたかったのである。もしそれがゼロからの再構築を意味するなら、そうするまでだった。18か月の過酷な練習と、慣れないスイングのために成績が振るわなかったトーナメントシーズンを経て、ウッズはついに新しい動きに慣れた。

翌年、彼は8つのトーナメントで優勝を成し遂げた。それは1974年以来成し遂げられていなかった快挙だった。その後の数年間で、彼はキャリア・グランドスラムを達成した最年少のゴルファーとなり、すべてのメジャーゴルフトーナメントで優勝し、ゴルフ界でのナンバーワンの地位を確固たるものにした。

ハーモンと組んでいた黄金期から、ウッズは少なくとも3回、スイングに大きな変更を加えている。一部の批評家は、こうした頻繁なスイング変更が、ウッズのアスリートとしての全盛期の時間を奪い、ジャック・ニクラウスが持つメジャー大会優勝18回（ウッズは15回）という不動の記録を追い越すことを妨げたと主張している。一方、プレースタイルを変えるというウッズの能力が、彼のアスリート生命を延ばしたという見方もある。10代の頃のしなやかで捻じれるようなスイングは、筋肉質になった30代では通用しなかっただろう。また、悪化する膝と背中の怪我によって、大幅な調整は避けられないものだった。

ウッズの変化を救いと見るか、それとも不健全な完璧主義の表れと見るか、リスクを取る自信の表れと見るかはさておき、彼が史上最高のゴルファーの一人であるという実績に異論を唱える者はいないだろう。

アンラーニング——悪くなることで良くなる

私たちの多くは、タイガー・ウッズのように世間の厳しい目に晒されたり、優れた成績を残すプレッシャーに直面したりすることはない。しかし人生の中では、**より上達する前に、一度悪くなることを求められる状況に直面する場合がある。**

たとえば、経済的安定を約束するキャリアチェンジは、新しい業界で一から働き直すという犠牲を伴う。経営者であれば、新興のライバルに対抗するために、旧事業を縮小する戦略を取ることもそうだろう。いずれの場合も、新たな高みに到達するためには、今いる場所から一度降りる必要があり、それは谷底から二度と這い上がれないリスクを生じさせる。

アンラーニングの難しさは、運動技能の例を見れば容易に理解できる。1967年、心理学者のポール・フィッツとマイケル・ポズナーは、運動能力の発達に関して影響力のある理論を提唱した。彼らは、学習は3つの段階で起こると主張した。

1 **認知段階**：この段階では、学習者は課題や求められていること、スキルの実行方法を理解しようとする。学習者は正しい技術を見つけ出そうとしながら、動作を意識的かつ慎重にコントロールしようとする。

2 **連携段階**：スキルの基本的な理解に達すると、学習者は様々なことを試みる。この段階で、大きなミスが徐々に排除され、パフォーマンスがスムーズになる。

3 **自律段階**：最終的に、ミスが排除され、スキルはますます楽に実行できるようになる。この段階に至るまでに、最初の段階で使用された、明示的な指示は忘れられているかもしれない。スキルはほとんど反射的になり、意識的な制御に依存しなくなる。

ゴルフの初心者にとって、スイングはまだ認知段階にある。優れたコーチは、彼らに必要な動きの見本を示すことができる。この段階では、初心者はパフォーマンスを生み出す明確なルールについて考え、ボールを打った後すぐに顔を上げないようにしたり、バックスイングで体を十分に回転させたりすることを意識している可能性がある。

さまざまな状況で練習を重ねるうちに、彼らは連携段階に入る。動きは多様な条件に合わせて調整されるため、彼らはウッドとアイアンの両方のスイング方法を使い分け、フェアウェイとラフの両方から正確にショットするために力を調整する。最終的に、動きが繰り返し練習されるにつれて、細部は意識から薄れていく。この段階に達すると、体の動きに関する内面的な考えは、自律的なスキルの妨げになる場合がある。その代わりに、動作を実行するメカニズムではなく、動作の目的や目標に焦点を当てることで、最高のパフォーマンスが得られる。

フィッツとポズナーの理論は、ウッズの大幅なスイング変更に伴うリスクを理解するのに役立つ。大幅な調整を行うことで、彼はスキル獲得の認知段階へと退行していた。成功するには、スキルを連携段階に戻し、さまざまなプレー条件下でのミスを取り除いて、新しい動きが十分に自動化されるまで繰り返し練習する必要がある。そうなれば、特にトーナメントのようなプレッシャーがかかる状況下でも、以前のスイングが自然に現れてしまうことはないだろう。

そしてスキル獲得の段階は、なぜ大きな変更が必要になることが多いのかも示している。熟練した動きは、機械のような精度で繰り返されるものではない。もしそうであれば、運動競技自体が成立しなくなるだろう。風、草、あるいは地面の硬さの変化により、ゴルファーに求められる動きは大きく変わるため、ボールを常に同じように打つことはできない。すべてのスキルには、ある程度の柔軟性があり、それによって学習者は変化する条件に適応できる。しかし、この柔軟性は無限ではないのである。ウッズの場合、もともとのスイング方法でどんな状況下でも安定させることは難しく、そしてケガのリスクと戦いながら30代まで同じスイングを維持することは現実的ではなかった。

日常生活の例でも、たとえば大きなキーボードで「キーを一つ一つ探しながら打つ」というタイピングをしていた人は、小さなキーボードでも同じタイピングをできるだろうが、その動きをいくら練習しても、ブラインドタッチができるようにはならない。スキルを実行する新しい方法を見つけるためには、既存の運動プログラムを微調整するだけでは不十分であり、ゼロから新しい運動プログラムを構築する必要がある。

古い知識は新しいアイデアの妨げになるのか？

学習において、これまでの慣習が新しいパフォーマンスの妨げとなるのは、運動に関するスキルだけではない。

古い思考習慣への固執として、ゲシュタルト心理学者のカール・ダンカーは、ある対象を特定の役割として認識することで、別の用途を考えるのが難しくなることを説明するために、

「機能的固着」という用語を作り出した。

彼が行った有名な実験がある。その中で彼は、被験者に対して「ろうそくを壁の側面に取り付ける」という問題を与えた。その際ある被験者には、箱とろうそく、画鋲が与えられた。別の被験者の場合は、与えられた材料は同じだったものの、箱には画鋲が詰められていた。最初の条件では、すべての被験者が解決策（画鋲を使用して箱を壁に固定することで、それが小さな台座のように機能してろうそくを支えることができるというもの）を見つけ出すことができた。それとは対照的に、画鋲の入った箱を渡された被験者のうち、この解決策を見出すことができたのは半数に満たなかった。箱を台座として使えるものとしてではなく、何かを入れる容器として見ることは、被験者が問題をどのように認識するかに強い影響を与えた。もともとの思考習慣を取り去ることは、ひと筋縄ではいかないのである。

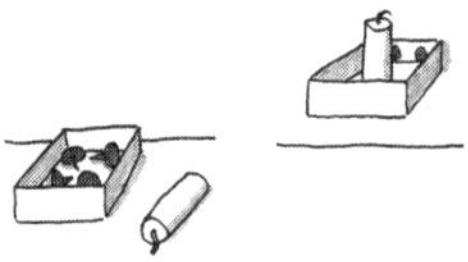

被験者には画《が》鋲《びょう》と箱、ろうそくが与えられ、壁にろうそくを固定するよう指示された。画鋲が箱の中に入れられた状態だった場合、箱を台座として使うという解決策を思いついた被験者は少なかった。

問題についての誤った考え方を「アンラーニング」する、つまり取り除く必要があることは、教育における大きな課題となっている。経済学や物理学、心理学といった分野では、学生は日常的に自分たちが抱いている感覚とは根本的に異なる考え方に直面する。そして研究によると、多くの学生は、教室で学んだ推論を日常生活の問題にうまく適用できない。物理学の学生はニュートンのように力や運動量を計算することを学ぶが、教室の外ではアリストテレス的な考え方を続けていることもある。経済学の学生は、福祉を高める貿易の理論を学ぶが、公共政策を評価する際には重商主義者のような考え方を続ける者もいる。

取り除く必要があるものは、一般的な誤解の場合もある。学習スタイル（視覚や聴覚、運動感覚など）は人によって異なり、指導が彼らの好みのスタイルに合致するときに最もよく学習できるという考え方は、それを裏付ける証拠がないにもかかわらず、大衆文化の中に漂い続けている。学習者は、授業で学んだアイデアを適用できるが、それらをいつ適用すべきかを正確に知るのに苦労することがある。体に染み込んだスイングのように、自然が私たちに生涯をかけて育むよう促してきた直感を置き換えるには、相当な努力が必要だ。

悪い習慣は芽のうちに摘む

アンラーニングの問題に対処する最も簡単な方法は、そもそもアンラーニングの必要がないようにすることである。最初から正しいテクニックを学んでいれば、後で変更を加える必要がなくなる。**早い段階で優秀なコーチや講師に師事できれば、定着してしまう可能性のある悪い習慣の形成を防ぐことができる。**そして多くの場合、最良の方法を一度学んでしまえば、再トレーニングは必要ない。

最良の方法を学ぶことの重要性は、子供が数学の手順を学習する過程、たとえば複数桁の引き算を学ぶといった中で見ることができる。認知科学者のジョン・シーリー・ブラウンとカート・ヴァンリーンは、引き算の手順を学習する際に子供が犯す間違いの多くは、バグのあるコンピュータープログラムのようなものであることを発見した。子供は手順の仕組みを完全には理解していないため、正しい手順とは異なる方法を使ってしまう。たとえば、引き算の問題で良く見られるバグは、常に大きい方の数字から小さい方の数字を引いてしまうというものだ。「22－14＝?」という質問に対して、このバグに陥っている生徒を考えてみよう。「12－4＝8」を解くために、10の位の列から1を借りるという適切な手順に従う代わりに、この生徒は単に数字を入れ替え、1の位の列に「4－2＝2」という答えを入れてしまう。

バグのある手順を使用している生徒にとって、余分な練習は、間違った手順をさらに深く刻み込んでしまうだけになり、役に立たない可能性がある。より効果的なアプローチとしては、教師が生徒を止め、間違いを説明し、使っているテクニックが最善の状態で進むようにすることが挙げられる。**早期に悪い習慣に陥るのを避けるためには、修正フィードバックが不可欠なのだ。**

多くのスキルには「正しい」手順はないが、より良い手順はある。経験豊富な教師は、生徒がコードを書いたり、野球のバットを振ったり、エッセイを書いたりするためのより効果的な方法を指導できる。そうした方法が実践されれば、いずれは自動化が達成されるだろう。

上手くいかない手順が定着してしまうと、後でより大幅なアンラーニングが必要になる可能性がある。それには大きな労力がかかることを考えれば、正しいアプローチから始めるのが得策だろう。

習得には回り道も必要

早期に悪い習慣を取り去ることは重要だが、アンラーニングを完全に避けることは多くの場合不可能だ。引き算の問題で正しいテクニックを使うことは、単に指示に従うだけの問題だが、他の多くのスキルは完璧な法則から生まれるわけではない。

英語を話す子供たちは、過去形の使い方を学ぶ際に、一定の順序を踏む。最初は、大人から聞いた不規則動詞を使い始める（たとえば「I went there」や「I did it」など）。そして、多くの動詞に-edを付ければ過去形になるというルールを学び始める。そのことが、過剰な規則化の期間につながる。つまりこのルールの例外に対しても、ルールを適用してしまうのである（たとえば「I goed there」のように）。最終的に、子供たちはどの単語が不規則であるかを学び（たとえば「go/went」や「do/did」など）、不規則形と規則的な過去形の語尾の両方を、正しく使うことができるようになる。

こうした移行は単調に進むのではなく、最初は話す言葉の文法を間違うことが多くなり、その後上達する。またこれは、幼児の発音を直そうとした多くの親が経験することだが、幼い子供はしばしば訂正を受け入れようとしない。

子供は文法を自動的に学習し、特別な状況を除いて、正しく話すために指導を受ける必要はない。必要なのは、言葉に触れることと、他人と交流する機会だけだ。


学習の他の領域でも、回り道の手順を踏む「非単調性」が確認されている。認知機能を専門とする心理学者のヴィクラム・パテルは、医学生の推論が頻繁に同様の変化を遂げると指摘している。たとえば初級の医学部生と医療専門家の両方は、患者の問題について考える際に、あまり多くの推論や詳細な説明を行わない傾向がある。対照的に中級の学生は、初心者や経験豊富な臨床医よりもはるかに多くの推論を行い、より多くの医学情報を引き出す傾向がある。このいわゆる「中間効果」は、初心者には思い出すべき知識がほとんどないため、問題に行き詰まったときに詳細に説明できないことで起きる。一方で、専門家は別の理由から精査を行わない。彼らは可能性の高い答えを知っているので、問題に関連する重要な情報だけに焦点を当て、無関係な側面を無視するのである。

非単調性とは、習得への道が必ずしも直線ではないことを意味する。そこには必ず、下り坂や回り道があるのだ。

また、最良の方法を最初から使用することができないために、アンラーニングが必要になる場合もある。新しい世代の博士課程の学生は、古い問題についての凝り固まった考え方に縛られていないため、科学分野に革命を起こす可能性が高いかもしれない。

量子革命を主導した物理学者の一人であるマックス・プランクは、「科学は葬儀を一つ出すごとに発展する」と鋭く指摘した。特定のパラダイムに慣れることに生涯を費やしてきた古い世代は、それを覆す証拠が圧倒的になった後でも、新しい視点に切り替えるのに苦労する場合が多い。

自分の職業において生まれた新たな発展に追いつくためには、しばしば不快な調整を求められるのである。

誤った思考方法と向き合う

では、自分のやり方に固執することをどうやって避ければよいのだろうか？　アンラーニングする方法の一つは、「**自分の考え方の欠陥に直接的なフィードバックを通じて向き合う**」というものだ。アンダース・エリクソンは、優れた専門家がどのようにしてその能力を身に付けるのかに関する自身のモデルである「意図的練習」について、それを実行する上でポイントとなるのは、コーチの助けを借りた即時フィードバックと指導付きの練習セッションであると主張した。

彼の理論では、スキルの停滞という問題は、フィッツとポズナーが唱えた自律的処理モードへの移行に起因している。意図的練習の「意図的」という部分には、パフォーマーが認知段階へと意識を戻し、そこでスキルを直接、意識的に制御する必要があるという意味が含まれている。この努力を擁する処理モードと環境からの即時フィードバックを組み合わせることで、パフォーマーは意識的に調整を行うことができる。

この点において、ウッズの例は意図的練習モデルに完璧に当てはまる。彼は精力的に練習することで有名だっただけでなく、スイングの多くの側面を慎重に検討し、考え抜いた上で、フィードバックに基づく調整を意識的に取り入れていた。


ただ残念ながら、慣れ親しんだ戦略のミスに関する直接的なフィードバックだけでは、それを修正するには不十分な場合がある。その理由の一つは、代替となる戦略が十分に練習されていないと、その新しい方法が古い方法と競り合うにはあまりにも労力がかかるからだ。

これは、ゴルファーが新しいスイングに切り替えるのが非常に難しい理由の一つであり、プレッシャーの下では往々にして古い習慣に戻ってしまう。たとえ自分のパフォーマンスに間違いがあることをある程度理解していたとしても、新しいやり方が上手くいくとは限らないのだ。

同様に、物理学の初心者の多くは、教室の外では直観的な推論方法を使い続ける。物理学を使った推論は骨が折れ、間違いやすいからだ。対照的に、専門家が物理学的推論に頼る傾向がはるかに強いのは、単に日常的な直観が信用できないことを認識しているからだけでなく、その高度な推論が十分に練習されているため、実行するのにほとんど労力を必要としないからでもある。

望ましくない戦略をアンラーニングするには、自分の間違いに向き合うだけでなく、実行可能な代替案を流暢に適用できる状態になっていることを確認する必要がある。

アンラーニングの戦術

アンラーニングは容易ではない。新しい戦略が古い習慣と競えるほどになるまで練習するための投資だけでなく、一時的なパフォーマンスの低下を受け入れるという精神力も必要になる。そうした困難にもかかわらず、私たちはアンラーニングが必要な状況にしばしば直面する。練習の初期に身についた悪い習慣を修正する必要が生じることもあるし、環境、業界、あるいは私たち自身の体の変化によって、慣れ親しんだ方法とは異なる方法で物事を行う必要が生じるかもしれない。また、熟達へと至る道が先述の不規則動詞の例のように遠回りを要するものので、素人から熟練者へのぎこちない移行の過程でパフォーマンスが揺れ動くこともある。ここで、アンラーニングを成功させるための戦術をいくつか紹介しよう。

戦術1：新たな制約を導入する

がある。たとえ何か新しいことをしようとしても、いつの間にかいつものやり方に逆戻りしてしまうのだ。その場合、タスクの制約条件を変更することで、古いやり方でスキルを実行することが不可能になり、後戻りを防ぐことができる。

そうした制約は、**特定の種類の行動を禁止する形**を取る場合もある。たとえば副詞を使わずにエッセイを書いたり、色を使わずに絵を描いたりするといった具合だ。また、**特定の行動を義務付ける制約**を設けることもある。たとえばテニスで小さいラケットを使ってショットを打つと、ボールを中央に当てざるを得なくなる。アンラーニングにおいて制約が効力を発揮する理由の一つは、制限がないと有用な解決策の空間が非常に広くなり、陳腐なアイデアが革新的な選択肢の探求を妨げる可能性があるためだ。

パフォーマンスにおける望ましくない傾向を打ち消すために、コーチや教育者など専門的な知識を持つ人によって良質な制約が設計されることも望ましい。身体の動かし方や考え方を意識的に制御することは、学習の認知段階に戻ることになり、パフォーマンスの流暢さという点で望ましくない副作用をもたらすリスクがあるためだ。ゴルフの世界で一般的な「イップス」

という現象は、自分の動きに過度に注意を払うことで、スイングが台無しになってしまうというものである。一方で良い制約は、学習者に悪い癖を意識させずに、その癖から脱却させることができる。

戦術2：コーチや個別指導からフィードバックを得る

自己流で改善に取り組むことの弱点は、スキルを使いながら自分のパフォーマンスを監視するというのが、不可能である場合が多いという点だ。「感覚は現実ではない」というのは、ゴルフの上達に関する格言の一つであり、プレイヤーがしばしばスイング中の自分の身体の動きについて誤解していることを指摘している。

たとえばパターを握っているプレイヤーは、自分では軽く握っていると思っているかもしれないが、実際には強く握りしめているかもしれない。またティーショットを打つゴルファーは、自分では十分に回転しているつもりでも、実際にはクラブを必要な位置の半分までしか振っていないことがある。**そうした歪んだ自己認識が、改善を困難にしているのである。**

コーチや個別指導は、たとえ依頼した人物が自分より優れていなくても、大きな効果を生むことがある。タイガー・ウッズは、ゴルファーとしては彼よりもはるかに才能が劣るコーチと、広範囲にわたって練習を行った。コーチがいれば、スキルを実行する際に精神的な負担を増やすことなく、自分がどのような行動を取っているかを観察できるため、客観的なパフォーマンスに対する洞察を得ることができるのである。

戦術3：建て替えるよりも改修する

習得した技術を完全に一新する必要が生じる機会は決して多くはないため、むやみに大改革を試みるのではなく、最小限で済ませるほうが賢明だ。基本的な動作を頻繁に再構築しながら、トップクラスでプレーできたゴルファーはほとんどいなかった。ウッズがそのような困難を克服できたのは、彼の運動能力と仕事に対する姿勢の賜物である。

多くの場合は、物事を根本から取り壊してやり直すよりも、築き上げてきた基盤を増強したり修正したりする方が良いため、その必要性を慎重に見極めることが重要だ。ゴルフのスイングであれ、科学的な世界観であれ、最も安全な選択肢は通常、スムーズに変化を加えることだ。つまり、谷底まで無謀に降りていくのではなく、山と山の間の尾根を探すのである。ギリシャ神話に登場するテセウスの船は、木の板を一枚ずつ取り替えていくうちに、最終的にはすべてが新しくなった。この逸話のように、**視点を根本的に変化させる場合も、少しずつ調整する方が、全体を壊してしまう危険を冒すよりも容易だ。**

アンラーニングの必要性は、知的な活動や運動能力に限ったことではない。最終的には、感情が改善における最大の障壁となることが多い。恐怖や不安が学習の妨げとなるのだ。フィードバックは誤解を正すだけでなく、自分自身の不安を試すためにも重要である。

第12章

不安や恐怖は接触で薄れる

心理学理論の大きな弱点の一つは、人間が脅威やストレスに対して非常に脆弱であるという前提に立っていることだ。これらの理論は、人間よりも臆病な生き物に合わせて作られているかのようである。

——スタンレー・ラックマン、心理学者

- ■不安を回避するためにとる行動の多くが、なぜ不安を悪化させるのか
- ■どうすれば自分のコンフォートゾーンから抜け出せるのか？
- ■勇気とは無謀さと同じなのか？

モデルケース：戦争の恐怖への適応

第二次世界大戦前の数年間、ドイツとの対立が避けられないものになるにつれて、英国をはじめとする各国の指導者たちは新たな種類の危険性について考え始めた。それは、航空機が主

要な人口密集地の上に爆弾を落とす可能性である。それ以前に起きた第一次世界大戦中の空襲は限定的なものだった。この戦争全体でロンドンに投下された爆弾は、わずか300トンだったのである。2つの大戦の間の数十年で技術が進歩し、それに伴い破壊の規模も新たなレベルに達した。戦略立案者たちは、ドイツが突然の電撃戦を開始し、最初の24時間で3500トンの爆弾を投下して、その後数週間にわたって毎日数百トンを投下する可能性があると予想した。予測される死傷者は数十万人にのぼり、数週間で都市全体が壊滅するかもしれないと考えられていた。

物理的な破壊に加えて、政治家、指導者、心理学者のすべてが、大規模なパニックは避けられないという見解で一致していた。ウィンストン・チャーチルは演説において、爆撃により、300万人から400万人が主要な大都市圏から逃げるだろうと予測した。避けられない集団疎開の際に、押し寄せる群衆が互いに踏みつけ合うのを防ぐため、数万人の警官が必要とされた。

そしてロンドンの著名な精神科医グループは、心理的な被害者の数が、肉体的な被害者の3倍以上になる可能性が高いとする報告書を作成した。ロンドンにある医療施設の著名な所長が「戦争が宣言され、最初の空襲が始まったら、神経症の症例がすぐに殺到することは明らかだ」と語ったのは、当時の専門家のコンセンサスを最もよく表している。

ところが、戦争が始まり爆弾が投下されても、実際には大規模なパニックは発生しなかった。「非常に驚いたことに、攻撃による死傷者や破壊が相次いだにもかかわらず、心理的な犠牲者はほとんどいなかった」と、心理学者のスタンレー・ラックマンは書いている。ある報告によると、激しい爆撃の後に入院した578人の死傷者のうち、主に精神的な症状を訴えていたのは2人だけだった。別の報告では、ある医療機関にいた1100人の患者のうち、明らかな精神障害を示したのは15人だけだった。心的外傷を受けた神経症患者が殺到するどころか、実際には1940年に精神科病院に入院した患者の数は1938年よりも少なく、1941年にはさらに減少した。心理学者のアーヴィング・ジャニスは次のように書いている。「一つの明確な点が浮かび上がっている。空襲が激しさを増し、破壊的になるにつれて、目に見える恐怖反応は明らかに減少したということだ」

ドイツによる大空襲の間の日常生活を目撃した人々による証言は、一般の人々の回復力をさらに裏付けている。戦争中に働いていた数十人の医師や心理学者を調査したフィリップ・バーノンは、「戦争の初期には、ロンドンの市民の多くが、サイレンの音を聞くだけでシェルターに逃げ込んでいた」と述べている。しかし空襲が激しくなるにつれて、「多くの市民は、航空機や銃撃、爆弾の音が伴わない限り、サイレンを全く気にしなくなった。また一部の地域では、サイレンが鳴ったという事実を口にすることさえ、社会的なマナー違反になっている」。当時の別の観察者は、次のように記している。「一般市民の冷静な行動は驚くべきものだ。昨日まで激しい爆撃を経験してきたロンドン郊外に住む通勤者たちが、朝の電車の中で、平和な夏にバラやカボチャの自慢をしていた時のように、爆弾でできた近所のクレーターの大きさについて、他の乗客に穏やかに自慢していた」。

英国人の冷静な反応は、決して特別なものではなかった。最近の例として、フィリップ・セイの調査が挙げられる。彼は1982年のイスラエル軍による10週間の包囲の直前、たまたまレバノンのベイルートで不安に関する研究を行っていた。その研究への参加者を追跡調査したところ、避難しなかった人々は、戦争関連の刺激に対する恐怖反応が著しく低下していたという。

英国人が大空襲の間に経験したことは、重要な心理学的原則を示している。**恐怖は、それにさらされることで軽減される傾向にあるのだ。直接的な危害を受けることなく恐怖を経験することで、将来の同様の状況に対する恐怖が減少する。**毎晩のように空襲の恐怖に直面しても、それに対する典型的な反応は不安の増加ではなく、適応だった。

回避行動のマイナス面

能力の向上において、不安や恐怖はしばしば知的な困難よりも大きく立ちはだかる。

何年もフランス語を学んできたにもかかわらず、パリ旅行中に会話に自信が持てなくなってしまう人。テストを受ける前に胃が痛くなるような不安を感じ、模擬試験を始める前から気持ちが滅入ってしまう受験生。完全に適職なのに、「まだ準備ができていない」と感じて就職のチャンスを辞退してしまう求職者。練習することを考えると不安でいっぱいになるため、特定のスキルや科目を完全に避けている人。そんな人が、どれほどいることか。

こうした困難にもかかわらず、私たちは自分の恐れを理解できないことがよくある。**さらに重要なのは、不安を軽減するために行っている戦略が、実際にはそれを悪化させることが多いと気づいていない点だ。**

心理学において、不安の起源は長きにわたり研究対象となってきた。行動主義の父ジョン・ワトソンは、恐怖は単純な条件付けのプロセスから生じると論じた。彼は悪名高い「リトル・アルバート（アルバート坊や）実験」において、生後11か月の幼児に白いネズミを見せながら、背後で鉄棒を叩いて大きな音を立てた。するとその幼児は、騒音の恐怖とネズミを結びつけ、ネズミだけでなくあらゆる白い毛皮のものに恐怖を抱くようになった。

この恐怖の条件付け理論は、第二次世界大戦中のロンドン大空襲における人々の反応の違いを説明するのに役立つ。「ニアミス」を経験した人々、つまり爆撃された建物の中にいたり、致命傷を負った人を目撃したりした人々は、一時的に恐怖が蘇ることがよくあった。一方で

「リモートミス」、つまり遠くで爆撃の轟音を聞いただけで、自身に危害が及ばなかった人々には、恐怖が減少する傾向が見られた。**恐怖にさらされたことでそれが悪化するのか、それとも軽減されるのかは、危険がどれほど直接的であったかなどに左右されるのである。**

恐怖の条件付け理論は、恐怖がどのように発生するかについての明確な説明を提供するものではないが、私たちの不安を持続させる要因が何であるのかを考える上で有効な出発点を提供してくれる。オーバル・マウラーの有力な二要因理論によれば、非合理的な不安が続くのは、私たちがそれを回避しようとするからだ。脅威を感じた場合、それを中和する方法を見つけようとするのが自然な反応である。

スピーチをすることに不安を感じる人は、職場でプレゼンを逃れるための言い訳を探そうとする。方程式に不安を感じる学生は、数学の授業を避けようとする。内向的で不安な人は、パーティーには来ず家にいる。**しかし不安の対象から逃れることには、不安を根絶するのを難しくする2つの副作用がある。**

第1の問題は、潜在的に危険な刺激を避けることによって、想像上の脅威が現実において重大であるかどうかを把握するための新しい情報を得られないという点だ。フィードバックを避け続けていると、恐れを抱く刺激と危険との間に形成された、条件付けの関連性を消し去ることができない。琥珀に閉じ込められた昆虫のように、**私たちの恐怖は、それを否定する証拠に**

遭遇することができなくなるゆえに保存され続けてしまう。

第2の問題は、回避が自己強化されることだ。不安を感じる状況（たとえば試験やスピーチ、就職の面接など）を想像してみてほしい。それを心配することで、あなたは知覚された脅威を減らすために何らかの行動を取る（履修をやめる、別の人に発表してもらう、就職の機会を逃すなど）。今や不安はなくなり、あなたは安心する。**しかしこの安心感は心理的な報酬として作用し、将来の回避行動を強化してしまう可能性がある。**このタイプの条件付けは、負の強化として知られている。潜在的な苦痛の除去が、中枢神経系に対するポジティブな信号として機能するからである。回避は不安を永続させるのだ。

不安との接触がもたらす「消去」と「馴化」

曝露すなわち不安の対象にさらされることとは、「消去」と「馴化《じゅんか》」のプロセスを通じてその不安を和らげる。

「消去」という用語は、動物の学習に関する研究に由来する。ベルを鳴らして餌を与えると、犬はベルだけで唾液を分泌することを学習する。しかし、餌を与えずにベルを何度も鳴らすと、最終的には学習された反応が消去される。同様に、恐怖の条件付け理論によれば、不安とは信号と危険の間の関連付けを学習した状態である。**危険を経験することなく信号に身をさらすこ**

とによって、私たちは自分の予想を修正する。その結果、元の恐怖学習が抑制されるのである。

曝露の2番目のメカニズムが「馴化」だ。これは**特定の反応を引き起こす刺激を経験する回数が多くなるにつれ、その刺激がもたらす影響が弱まっていく現象**である。大きな音を聞くと、本能的に飛び上がってしまうかもしれないが、同じ大きな音を何度も何度も聞くと、その反応は薄れていく。

「消去」と「馴化」の違いを理解するために、誰でもステージに上がれる夜にライブハウスに行って、マイクの前でコメディを披露することへの恐怖を克服する場合を考えてみよう。この場合の「消去」とは、予想に反して、実際には辱めを受ける可能性はそれほど高くないと気づくことを意味する。一方で「馴化」とは、何度もブーイングを受けてステージから降ろされた後で、コメディの披露中に失敗するのをそれほど気にしなくなることを意味する。

実際の危険を伴わない恐怖への曝露は、安全性の学習につながる。ただ曝露が恐怖を減少させる一方で、獲得された恐怖は学習された安全よりも持続性があることが示されている。その結果、消去された恐怖が復活する場合がある。それは新しい状況で恐怖に直面したときや、曝露が行われる間隔があいたときだが、元の恐怖とはまったく関係のない一般的なストレス要因からですら、戻ってくることがあるのだ。バーノンはこの理論に一致する現象として、空襲に対する恐怖が、爆撃を長期にわたって経験しなかった後でも、あたかも不安に対する予防接種の効果が部分的に失われたかのように、復活する傾向があることを観察した。**曝露は、さまざまな状況で提供され、また定期的に更新される場合に、より効果的に機能するのである。**さらに一部の研究は、曝露中に時折恐れていた結果が発生するという「偶発的な強化」が、まったく危険がない曝露よりも持続的な効果をもたらすことを示唆している。これは、偶発的に起きる不快な経験に対する安全性の学習がより強固なものとなるためである。

曝露すれば恐怖心は克服できるのか？

曝露療法の治療効果は長い間評価されてきたが、必ずしもそのメカニズムが理解されていたわけではない。ドイツの詩人ヨハン・ヴォルフガング・フォン・ゲーテは、若い頃に抱えていた高所恐怖症を克服するために、地元の大聖堂の小さな張り出し部分に何度も立つことで恐怖を乗り越えた。この訓練を終えた後、彼は山登りを楽しんだり、高い建物に登ったりすることが恐れなくできるようになった。しかし1950年代にジョセフ・ウォルピが系統的脱感作法を導入するまで、不安症の治療に曝露療法が日常的に用いられることはなかった。

ウォルピは患者と共に「不安階層表」を作成した。これは軽い不快感を引き起こす状況から始まり、最終的には極度の恐怖を引き起こす状況まで、段階的に並べたリストである。患者はこうした状況を徐々に経験し、その際にリラクゼーション技術を併用することで、恐怖を軽減することができた。ウォルピの理論では、リラクゼーションと不安は互いに抑制し合うとされており、患者がストレスを感じる刺激に直面している間に呼吸法などを用いてリラックスさせることで、ストレスの関連付けを打ち消せるだろうと考えられていた。

しかしこの手法が有用であったにもかかわらず、「相互抑制」の理論は実証されなかった。その後の研究により、リラクゼーションは潜在的に有効であるものの、必ずしも必要ではないことが判明した。ストレスレベルが高いままであっても、曝露療法は依然として効果を発揮したのである。

ウォルピが恐れを軽減する手法を開発したのとほぼ同時期に、フラッディング療法やインプロージョン療法など、他の療法でも曝露を恐怖治療に応用するようになった。**フラッディング療法では曝露を徐々に増やすのではなく、最初から患者が最も恐れている状況を提示し、そこから逃げ出せないようにする。**たとえば犬恐怖症の患者は、吠えている犬がいる部屋に閉じ込められ、恐怖が収まるまでそこを離れることができない。**もう一つのインプロージョン療法は、通常は現実の曝露ではなく、セラピストの指導の下で鮮明な空想のシナリオを用いて行われる。**

どちらの療法も、恐怖を完全に活性化することがそれを克服するために必要であり、軽度の曝露では完全な治療効果が得られない可能性があるという仮定に基づいていた。ただ、綿密な調査により、これらの治療における曝露の一般的な価値が裏付けられたものの、極端な恐怖反応は必要ないことが判明した。曝露は有効成分と見なされるようになり、恐怖に飛び込むのか、徐々に歩み寄るのかについての議論は周辺的なものとなった。

心理学の分野では、思考や信念を調べることに基づいた治療法が、純粋な行動療法を凌駕《りょうが》するようになった。認知療法は、刺激と反応に対する患者の行動だけでなく、患者の思考内容にも焦点を当てる。たとえば社交恐怖症の人がパーティーを避けるのは、単なる習慣的な回避ではなく、社会的な拒絶を経験する可能性が高いという歪んだ世界観に依存しているからかもしれない。理論的根拠があり、常識に合致しているにもかかわらず、認知療法が曝露療法を超えて追加的な効果を発揮するという証拠は、さほど得られていない。認知行動療法は通常、曝露療法と対話療法を組み合わせているが、曝露のみを基盤とする治療法よりも優れているとは言い難いのだ。

信念を変えたり、リラクゼーションを促したり、思考パターンを変えたりする治療法が、**曝露を伴わないと効果が乏しい理由の一つは、脳内で脅威を処理しているのが、意識的にアクセスできる記憶や信念とは異なる神経回路であるためだと考えられる。**神経科学者ジョセフ・ルドゥーは次のように説明している。「対話療法では、記憶を意識的に取り戻し、その起源や意味について考える必要があり、そのため背外側前頭前皮質の作業記憶回路に依存する。一方で曝露を伴う療法では、消去（曝露療法のモデルとなるプロセス）に寄与する、内側前頭前野に依存する。このことが、恐怖症や不安症を曝露療法のアプローチでより簡単に、より速く治療できる理由を説明しているのかもしれない」。つまり不安が脳の別の神経回路によって維持されている場合、自分の信念を分析するだけでは、あまり効果的ではない可能性がある。

曝露療法は、それがトラウマを悪化させるのではないかという広く信じられている認識にもかかわらず、心的外傷後ストレス障害（PTSD）の治療にも成功している。曝露の有益性に関する強力な実験的証拠があるにもかかわらず、エビデンスに基づく心理療法を受けていないことが多い。たとえ十分に活用されていないとしても、曝露療法には効果が期待できるのである。

恐れの克服で自信と意欲を取り戻す

恐れは学習プロセスに二重の打撃を与える。まず、不安に対する自然な反応は回避であるため、人はしばしば恐怖を覚えるスキルを練習することを避けてしまう。臆病な運転者、自信のない発表者、数学恐怖症の人は、そうした能力を使う状況を回避しがちだ。しかし**十分な練習をしないことで、これらのスキルをいつまでも流暢に使うことができず、使うたびに労力がかかる状態が続き、それがさらに回避の理由を強める。**

さらに悪いことに、不安は問題について考えるための心のスペースを圧迫する。**複雑なスキルは、強い興奮状態にあると習得が難しくなる。**気を散らしてしまう心配事が、限られた作業記憶容量を埋めてしまうからだ。

　不安を克服するのは容易ではないが、曝露は少なくとも脱出の道があることを示唆している。リスクが低い状況で自分の不安に向き合うことができれば、不安や恐怖の反応は徐々に収まる。不安や恐怖が軽減されれば、練習も楽になる。練習によりパフォーマンスが向上し、必要な労力が軽減されるため、そのスキルを使用できる状況の範囲がさらに広がる。以前は不安と回避が自己強化されるパターンであったものが、自信と意欲の向上に置き換えられる可能性があるわけだ。


　もちろん回避のパターンから、自分の恐怖に立ち向かうことを厭わない考え方へと切り替えるのは一筋縄ではいかない。**曝露は気が重くなるようなプロセスだが、その理論的根拠を完全に受け入れて理解することで、曝露を行うという決断を促すことができると私は考える。**不安にとらわれているとき、その不安は非常に客観的なものに感じられてしまう。たとえば「人前で話すのは怖いことだ」と一般化し、曖昧な状況に対する主観的な反応だとは思えないのである。そのような立場に立っていると、「何度もステージに立つうちに、それは簡単で自然なことになる」とはなかなか理解できない。

　曝露療法の論理を受け入れたとしても、勇気が不要になるということではない。これまで見てきたように、恐怖について話すだけでは、それを取り除くことはできない。しかし客観的に見て恐ろしい状況、たとえば第二次世界大戦中のドイツの空襲のような状況でも、繰り返し経験することで日常化されてしまう可能性があることを理解すれば、私たちを抑え込んでいる、ずっと軽度な恐怖に立ち向かうための一歩を踏み出す勇気を持てるかもしれない。

不安や恐怖を克服するための戦略

人生は私たちに、日常的な恐怖や不安を数え切れないほど突きつけてくる。そのような状況に直面したとき、私たちはどのように反応するかを選択する。不安や恐怖の現実を試すために経験を求めるのか、それとも恐れの対象から目を背け、それを永遠に見えないままにしておくのか。

不安や恐怖を克服するにはフィードバックが必要だ。それには単なる知的な理解、つまり「心配が大げさすぎる」という認識だけではなく、直接的な経験から得られる体感的なフィードバックも欠かせない。

恐怖心に挑むために、曝露の手法を利用するいくつかの戦略をまとめておこう。

戦略1：不安を書き出して特定する

ウォルピが考案した、患者に不安階層表を作成させるという手法は、現在でも不安の認知行動療法において使用されている。段階的な曝露療法が望まれる理由の一つは、単に恐怖心が強すぎると、それに立ち向かうことができないかもしれないという点だ。このことは、あなたを後押しするコーチやセラピストのいない自己主導型の曝露の場合に、より当てはまるかもしれない。

ジョナサン・アブラモウィッツは、恐怖の状況的、認知的、生理学的側面をできるだけ正確に反映させる必要性を強調している。「階層項目を患者の恐怖に厳密に一致させることの重要性は、どれだけ強調してもしすぎることはない。犬が怖い人は、自分が恐れている種類の犬に立ち向かわなければならない」。**状況に合わせた曝露を行うということは、その人が恐怖を感じるであろうシナリオを正確に特定することを意味する。**表面的に似た状況だったとしても恐怖を引き起こさない状況に身をさらしていては、効果は得られないのだ。

不安を書き出して特定することは、それが本当に恐れるに足ることなのかの妥当性に疑問を呈する、最初のステップにもなり得る。最悪の悪夢でさえ、声に出して言うとばかげていると感じるのと同じように、私たちが恐れていることや起こり得ることを書き出すと、その恐怖の根拠がそれほど妥当なものではないように思えることがある。信念の変化だけでは、無意識の脅威検知回路を克服するには不十分であることはすでに見てきたが、信念によって曝露を促すことはできるのである。

戦略2：「大丈夫、すべて上手くいく」とは言わない

心配事に直面したときに、安心感を求めるのは自然なことだ。しかしそれは、以前に議論した回避行動と同じ問題を生じさせる可能性がある。「曝露療法の目的は、患者に対して『あなたは絶対に安全だ』や『恐れている結果はまったく問題にならない』などと説得したり、安心させたりすることではないという点に留意しなければならない」とアブラモウィッツは書いており、後に「セラピストは、いかなる状況においても、患者に対して『大丈夫、すべて上手くいく』などと安心させてはならない」と付け加えている。逆説的だが、セラピストがそばにいると、患者は「セラピストと一緒にいれば安全だ」と学習してしまい、曝露の効果を低下させる可能性がある。

回避行動の中には、社会不安障害のために会議での発言を控えようとするといった実際の回避以外にも、「安全が確保されている」という感覚を高めるものが含まれる場合もある。汗をかきすぎるのが恥ずかしいと感じる人は、強力な制汗剤を強迫的に使用するかもしれない。この行動は**不安を軽減する「効果」はあるが、依存するようになってしまう可能性がある。**安全の確保に走るよりは、できるだけ汗をかくつもりでパーティーに行くことのほうが、「汗が目に見えてしまったら、それは強い否定的な社会的評価につながる」という信念を覆すのにずっと効果的だ。

結局のところ、**曝露のプロセスとは、私たちが恐れを抱いているシナリオを試すことである。最初から潜在的な恐怖を無力化してしまうわけではない。**人前で話すことを恐れている人は、ステージ上で恥ずかしい思いをするかもしれない。曝露の目的は、そうした屈辱が起きないと証明することではなく、屈辱が起きる確率は考えているよりも低い可能性があり、たとえ屈辱が起きたとしても、それに対処できる可能性が高いと証明することだ。恐怖を検証するには、すべての危険を排除しようとするのではなく、また無謀な行動を取るのでもなく、許容できるリスクを取る必要がある。

戦略3：コミュニティで不安や恐怖に立ち向かう

勇気は個人よりも、コミュニティで生まれる可能性が高い。心理学者のスタンレー・ラックマンは、「小さくまとまりのあるグループへの所属が、恐怖をコントロールする上で重要な役割を果たすという一貫した証拠がある。ほとんどの人々は、孤立しているときに恐怖に対してより敏感になるようだ」と書いている。

消防士、救助隊員、看護師たちは、社会的目的を持つことで、大空襲による最悪の心理的影響から逃れることができた。バーノンは、爆撃が繰り返される中で心理的影響が悪化する可能性が高かったのは、一人暮らしをしていた人々であると主張している。

人前で話すことへの恐怖心を克服したいのであれば、同じ苦手意識を持つ人と定期的に練習を行い、フィードバックを受けるのも有効な手段となる。苦手な数学の勉強会や、言語を練習するための会話クラブに参加することにも同様の効果がある。これらは、不安を引き起こす状況に他人と一緒に晒される機会を提供することで、不安や恐怖の克服を助けてくれるのである。

戦略4：恐れの構造を俯瞰で捉える

勇気は、恐れずに振る舞うことと同じではない。ラックマンは、恐怖は少なくとも3つの異なる要素の相互作用として捉えるのが適切である、と主張する。その3つの要素とは、覚醒に関する「身体的要素（たとえば心拍数の増加や手のひらの発汗）」、信念と感情といった「主観的要素」、そして回避と安全確保の「行動的要素」である。これらの3つのシステムは概ね同じ方向を向いているが、同一ではない。人々は、身体的および主観的な恐怖が非常に高い状況にあっても、タスクを遂行し続けることがよくある。**勇気とは、恐怖を感じないで行動することではなく、恐怖を感じながらも行動することである。**

「恐怖心を抱いている人は、恐怖を引き起こす対象物や状況に遭遇したときに、自分がどれほど怖がるかを過大評価する傾向が強く見られる」とラックマンは説明する。彼は、多くの領域において、人々が恐怖反応を過大に予測し、冷静さを保つ能力を過小評価するという証拠を検証している。結局のところ、**不安や恐れと向き合うことで得られる情報は、恐れを抱く自分自**

身という客観的なデータなのである。

上達への道

範例を見たり、練習したり、フィードバックを得たりすることは、何事においても上達するための鍵だ。しかし、学習は単なる知的プロセスではない。恐怖から熱意に至るまでのさまざまな感情が、私たちが最終的にどのスキルを向上させるかを決定する上で、同じくらい大きな役割を果たすのだ。

結論では、本書でこれまで取り上げたさまざまな視点を総合し、上達への道筋を示すための実践的な知恵を紹介して締めくくりたい。

結論　熟練までの道のり

こんな昔話がある。ある木こりが斧を与えられ、大きな木を3時間で切り倒すように命じられた。その木こりは、最初の2時間半を、斧を研ぐことに費やしたそうだ。一方で私たちは、人生の中で、上手くやりたいと願うことに何時間も費やしている。私たちはより良い親、専門家、芸術家、そしてアスリートになりたいと思っている。しかし、そうした「木を切る」作業に比べて、「斧を研ぐ」ことに積極的に取り組む時間はほんのわずかだ。

私は本書を、特定の読者を念頭に置いて書き始めた。それは、学習の仕組みに関心がある人々だ。あなたは試験で良い結果を残すこと、仕事で専門家になること、スポーツや趣味で自信を持つことなど、自分自身の何かを改善したいと思っている。あるいは、コーチや教師、雇用主や親として、他人の上達を助けることに興味があるのかもしれない。著者として、読者について包括的な断定をするのは職業上のリスクとなるかもしれないが、ここまで読んでいただけたのなら、あなたはきっと「斧を研ぐこと」に関心があると確信している。

本書を通して、私は学習の仕組みに関するストーリーや研究を紹介してきた。そしてお手本の重要性や、スキルの習得を妨げる心理的な障害、成功体験を土台としたスキル構築の重要性、初心者だった頃の記憶を忘れがちな専門家から知識を引き出す方法などを見てきた。また、トレーニングの難しさを微調整すること、柔軟なスキルを身に付けるための多様性の価値など、練習の力についても掘り下げた。そして学習環境の重要性や「アンラーニング」の役割、不安や恐れを克服する方法などを通じて、フィードバックの重要な役割について考察した。

各章において、私は研究から得られた著名な視点を統合し、いくつかの実践的な教訓を提示しようとした。学習の科学は多様であり、しばしば議論の的となる。私の結論のすべてに誰もが同意するとは思わないが、紹介した研究が、このテーマに真剣に取り組む読者にとって、いくつかのアイデアについて自分自身で考えるための出発点となることを願っている。

この章では、これまで紹介してきた研究から少し離れ、これらの多様な視点を集約し、いくつかの一般的なアドバイスを提供したい。主に焦点を当てるのは、学習者であるあなた自身だ。自分が関心を持っていることを上達させるには、どうすれば良いのか？　また二次的な考察として、教師やコーチ、メンターといった立場からどうすればより良い支援ができるかについても考えてみたい。

熟練に向けた3つの質問

経済学者であり作家のタイラー・コーエンは、人々に対して、「ピアニストは音階を練習するものだが、それに匹敵するようなことを、あなたは練習しているか?」と尋ねるのを好んでいる。この質問に上手く答えられない人は、自分の専門技術の向上にそれほど真剣に取り組んでいないのだろう、と彼は主張する。

世界は急速に変化している。生涯にわたって職業を維持できたであろうスキルも、新しいテクノロジーによって自動的に実行できるようになると、時代遅れになる可能性がある。生涯学習は、単なる心地良いスローガンではなく、必要不可欠なものである。その重要性を踏まえ、自分が関心を持っていることについて、次の3つの質問を自分自身に投げかけてみるのが良いだろう。

質問1:他者から学ぶ方法を改善するにはどうすれば良いか?

これまで見てきたように、お手本は複雑なスキルを学ぶ上で重要な役割を果たす。他者から学ぶという能力は、私たち人類の際立った特徴だ。私たちは、先人たちが苦労して得た問題解決の洞察の上に立つことで、より遠くを見ることができる。そうした教材を探す際には、次の点を考慮すること。

1　問題を解決するために必要なすべてのステップを含むお手本を見つける。

他者がスキルを実行している物理的な姿は簡単に観察できるが、心の中のプロセスは見えない。特に専門家から学ぶ場合、彼らがスキルを流暢に実行できてしまうことで、途中のステップが飛ばされてしまう危険性がある。優れた範例とは、問題解決のステップを、学習者が各動作を理解できるレベルまで分解したものである。

2　お手本が理解できるように、十分な背景知識を身に付ける。

理解とは「全てかゼロか」というものではないため、適切な判断が必要になる。背景知識が少ないと、答えを単に暗記するだけになってしまい、一般化することができない。逆に背景に関する説明が多すぎると、終わりのない詳細な説明の連鎖に迷い込んでしまうことがある。

3　問題解決のパターンを一般化するために、さまざまなお手本を探す。

具体的な事例から抽象的な概念や類推を形成する能力は、思考の柔軟性を左右する重要な要素である。しかし初心者は、深い原則よりも表面的な特徴に焦点を当てて問題を認識する傾向がある。それを防ぐため、より広範囲のバリエーションが含まれる複数の例を提供すると、それらに共通するものを抽出することが容易になる。また「反例」を知るのも効果的だ。それは似ているように見えるが、些細な違いから上手くいかない事例であり、過度の一般化を防ぐことができる。

お手本を探し始めるのに最適な出発点は、上手く構成された学習カリキュラムだ。そこでは事例が順序立てられて示され、背景知識が提供され、専門家が行う「見えない思考プロセス」を明らかにしてくれるという利点がある。また第3章で見たように、成功する基盤から始めることは、熟達とモチベーションに大きな効用をもたらす可能性がある。

対面式の授業、ムーク（大規模公開オンライン講座）、教科書、さらにはユーチューブの動画などは、多くのスキルにとって良い出発点となる。余裕があり、支援が受けられるのであれば、一対一の個別指導を受けることも特に役立つ。既製の教材がない場合は特にそうだ。

ある分野で経験を積むにつれて、解答例が豊富に含まれた教材は少なくなる傾向がある。これは一部には経済的な理由による。人々の多くは初心者であり、最も大きな市場は、これから学び始める初心者に向けられたものだ。またスキルが高度化するにつれて知識は枝分かれし、専門化する。その結果、学習が進むにつれて重要な事柄のすべてを確実にカバーすることが難しくなるのである。

しかし上級者になったからといって、お手本から学ぶことが無意味になるわけではない。第1章で触れたように、アンドリュー・ワイルズはフェルマーの最終定理を解くために必要な数学の専門家であり、博士号まで持っていたにもかかわらず、その証明の準備として2年間、すべての関連文献を読み漁った。つまり**学習用のコースで整理されたお手本から学べる段階を超えた際には、より体系立てられていないリソースに頼る必要がある**ということだ。

初心者向けの教材でカバーされている段階を過ぎ、継続的な進歩を遂げるには、**習得しようとしているスキルを実践するコミュニティに参加することが不可欠になる。**それは特に、専門的なスキルの場合に当てはまる。**専門技能では、実務環境にアクセスできないと、優れたお手本が見つからないためだ。**

科学やテクノロジーなど、最先端の知識に依存する職業の場合、斬新な貢献をしたいのであれば、その最前線に立つコミュニティへのアクセスが極めて重要になる。新しい知識を生み出す必要のない職業であっても、多様な業務上の問題が存在する環境に身を置くことは、スキルをさらに向上させるのに役立つ。

経営コンサルタントは複数の企業と協力して仕事をするため、ずっと同じ企業で働いている人々に比べて、より広範囲な問題に直面する。コンサルタントとレストランのマネージャーを比較したある研究では、彼らの教育水準が同程度であったにもかかわらず、レストランに関するビジネス上の問題を尋ねられたとき、コンサルタントはレストランマネージャーよりも優れた回答を行えることがわかった。そうした**学習を加速する環境に参加する道筋をマッピングすること**は、そこへのアクセスを保証するものではないが、重要な最初のステップとなるだろう。

しかし熟練した実務家と同じ部屋にいるだけでは、通常は十分ではない。専門家から知識を引き出すのは難しい作業だが、本書で説明した認知タスク分析から教訓を得ることができる。目の前で問題を解決してもらったり、出来事の時系列に注意して彼らの話を聞いたり、特定の問題について誰が知識を持っているかを尋ねたりすることで、経験が隠してしまうものを明らかにしていくことができる。

質問2：どうすれば練習をより効果的にできるか？

質の高いお手本にアクセスすることは、効果的に学習するための最初のステップにすぎない。何かを習得するには、多くの練習が必要になる。残念ながら、どのような練習が最も効果的か判断するという点において、直観は当てにならない。どれが最適な種類の練習かを常に明確にすることは難しいが、これまでに説明した原則を使用して、努力を微調整することができる。

まず考慮すべきは複雑性だ。ワーキングメモリには限界があるが、特定のタスクに対する認知負荷は、それまでの経験に大きく依存する。これは学習の過程において、最も効果を発揮する練習の種類が常に変化していることを意味する。**初期の段階では、問題解決よりも多くのガイダンス、反復練習、そしてお手本の研究が有益だ。しかし経験を積むにつれて、このアドバイスは逆転し、構造化されていない問題、多種多様な練習、そして徐々に難しくなる課題が有益になる。**

この対照的な関係について理解する一つの視点は、学習の初期においては、知識を頭に入れることが重要な課題であるということだ。直接的な経験から学ぶことも可能だが、解決方法の探索や手段目的分析によって余計な認知負荷がかかるため、まずは知識や範例を学習する方が効率的であるという結論になることが多い。

しかしいったん知識が頭に入ったら、今度はそれを適切なタイミングで引き出すことが課題となる。これには練習が必要であり、最初に学んだ問題解決のパターンが曖昧な状況に適用できるかどうかを整理しなければならない。

適切な知識を頭に入れることができない、または適切なタイミングでそれを取り出すことができないという落とし穴を回避する一つの方法は、練習ループを構築することだ。お手本を見て、練習を積み、フィードバックを得るというプロセスを組み立てることで、専門家のパフォーマンスのパターンを吸収していくことができる。

もう一つの考慮すべき点は、練習の粒度だ。練習ループは、単語のフラッシュカードやテニスのサーブ、数学のパズルなど、特定の要素となるスキルに焦点を当てるべきだろうか？　それとも、実際の会話やテニスの試合、実生活での数学の応用など、より広範にするべきだろうか？

前者の支持者たちは、部分練習が認知負荷を軽減することで、タスク全体を相手にした場合に苦戦する可能性のある学習者に対して、利益をもたらす点に注目する。またドリル形式の練習は、短いセッションに詰め込みやすいという利点もある。たとえばバスケットボールの選手は、試合中よりも練習中の方が多くのレイアップシュートを打つことができる。

後者の支持者たちは、ドリルを完全に自動的に行えるようになるまで繰り返しても、タスク全体を流暢に行えることには必ずしもつながるとは限らないと指摘している。単語のフラッシュカードを練習している人は、特定の単語をすぐに認識できるかもしれないが、会話の文脈でそれを聞いた場合には、まだ遅れを取るだろう。一方でタスク全体を練習することは、行動がその有用な文脈の中で理解されるため、より有意義なものになる。

お手本を見ることと自分で問題を解くことのバランスと同様に、私はドリルと現実的な練習の両方が重要だと考えている。ドリルは複雑なスキルの難しい部分を解消し、困難な状況を処理するための認知負荷を減らすことができる。しかし**タスクの全体を、完全な形で練習することも必要だ。そうすることでスキルが統合され、意味のある形で理解されるようになるためで**

プに加えて、**ドリルと現実的な練習の間を行き来することで、バランスを保つことができる。**

ある。見ること、実践すること、フィードバックを得ることを組み合わせた基本的な練習ルー

最後に、スキルとは何かについて、私たちは冷静に考える必要がある。「より良い問題解決者になる」「創造性を高める」といった漠然とした能力は、一般的に改善や練習ができるものではない。むしろ、特定の問題に対する強力な対処法をより多く蓄積することで、より優れた問題解決者になることができる。そして有益な知識を蓄積し、それらを新しい方法で探究できる環境を自らに与えることで、より創造的になれる。

上達に向けた幅広い目標を持つこと自体は悪いことではない。たとえば特定の言語のあらゆる側面で完全に堪能になることは、素晴らしい目標だ。しかしこの目標を達成するには、多くの単語やフレーズを蓄積し、発音、読解、作文、リスニングのスキルを個別に練習する必要がある。

より優れたプログラマー、投資家、作家、または芸術家になるといった壮大な野心は、〝**多くの特定のスキルと知識を身に付け、統合することによって達成される**〟という認識から出発しなければならない。交響曲も、個々の音符を演奏することによって初めて成り立つのである。

質問3：フィードバックの質を高めるにはどうすれば良いか？

最後に、質の高い現実的なフィードバックを得ることが不可欠だ。フィードバックの中には、事後に提示される単なる例にすぎないものもある。数学の試験で間違った答えを出した場合、教師はあなたがすべきだったことを示す範例の形で、解決策を与えるかもしれない。この種のフィードバックは正解が一つであり、自分の答えと模範解答を比較するのが比較的簡単な場合に特に効果的だ。

しかしそれは、ほとんどの領域には当てはまらない。エッセイの書き方、建物の設計方法、チームのリーダーシップの方法、スピーチの方法などには数多くの正解がある。たとえ他より優れた答えがあるとしてもだ。知識が豊富な教師、メンター、またはコーチは、単に一つの正しい答えと比較するのではなく、あなたが実際に使用したアプローチに基づいて調整方法を提案できる。

フィードバックの情報価値は明らかだが、他者からのフィードバックはさまざまな社会的影響や動機付けを与えることになり、それは必ずしもポジティブなものばかりではない。修正フィードバックは、しばしば評価的な判断と混同される。努力したことに対して特に厳しい反応を受けたとき、フィードバックがやる気を削ぐことがあるのは、私たちの誰もが知っている。そして肯定的なフィードバックであっても、やる気を失わせる可能性がある。「君は素晴らしく頭が良いね！」といった大げさな賞賛は、努力を減退させることが研究で判明している。そうした言葉をかけられた相手が、改善の必要はないと考えてしまうためだ。こうした影響は、フィードバックがもたらすはずの恩恵を簡単に打ち消してしまう。

優れたフィードバック環境とは、フィードバックが学習を支援するために使用され、成果を評価したり罰したりすることなく課題における修正に焦点を当て、相互に信頼と敬意のある関係に基づいて行われているような環境なのだ。

それでは正解がないスキルの場合や、より良い答えに導いてくれる教師がいない場合はどうだろうか？　豊富な経験が必ずしも専門性を保証するものではない。学習環境が不確かで、一貫性の無いフィードバックしか得られない場合、自信過剰でありながらさほど上達していない状態に陥る可能性がある。真のスキルを身につけるためには、環境からのフィードバックの質を向上させることが重要だ。フィードバックを強化するための戦略には、次のようなものがある。

1　スコアを付け、パフォーマンスを追跡する。

結果が大きく変化するスキルの場合、自分の判断の長期的な正確さを簡単に見誤ることがある。スコアを付けていると、自分が思っているほど上達していないことを認識し、プライドが傷つくかもしれないが、自分のアプローチを調整するためには必要不可欠だ。

数字がすべてを物語るわけではないが、正直に自己評価できるようにしてくれる。

2　事後報告を行う。

事後報告は、トップガンの戦闘機パイロットが模擬出撃からフィードバックを学ぶために不可欠だった。経験から学ぶ際の大きな難点は、ワーキングメモリの容量の大部分がスキルの実行に割り当てられてしまい、パフォーマンスの振り返りや自己評価を行う余裕がほとんどなくなってしまうことである。練習の試みを記録し、後で分析できるようにしておくと、その場では見逃していた要改善点が浮かんでくる場合がある。

3　ブレイントラスト（アドバイスを得られる仕組み）を構築する。

個人には多くの認知的な盲点がある。個人を集約しても、そうした問題が完全に解決されるわけではないが、問題を軽減することはできる。メンバーがお互いの成果を分析して議論できるグループに参加することは、自分では気づかない弱点を浮き彫りにするための強力なツールとなる。

フィードバックとは、単なるミスの修正ではない。人生は動的なものであり、自分自身と周囲の物理的・社会的世界との間で、継続的な相互作用が発生する。上達するにつれ、現実に即した練習がますます重要になる。**それは環境との接触から生成されたフィードバックが、私たちのスキルに組み込まれるからだ。**認知負荷、コスト、アクセス、強化されたフィードバックなどの理由から、シミュレーションが現実の経験よりも効率的な場合もある。しかし、スキルが実際に適用される環境で直接的に取り組むことなしに、真の習熟を達成するのはほぼ不可能だ。

不安や恐怖も、環境からのフィードバックによって克服することができる。新しい言語を学ぶ、数学を学ぶ、人前で話す、あるいは新しい分野で働くといった事柄に対する不安は、私たちが上達できるかどうかを左右する要因となる場合が多い。しかし恐怖を接触なしに取り除くことは困難だ。**むしろ不安と直接向き合い、環境からのフィードバックによって「特定の脅威が過大評価されている」というシグナルを受け取ることで、信念だけでなくモチベーションも変わっていく。**

上達するための最後の考察

上達のプロセスは、爽快であると同時にフラストレーションがたまるものでもある。

何かをついに「理解できた」と感じた時や、転ぶことなくスキーで丘を滑り降りることができた時、満足のいく絵が完成した時、新たな言語を話せた時、あるいは同僚から評価される成果を発表できた時、その達成感に匹敵するものはほとんどない。しかし学習を苛立たしく感じることもあるだろう。何年も練習しているのに、いまだに自信が持てないと感じることもあれば、趣味やスポーツ、仕事、学問の道を、自分には習得できないと感じてあきらめてしまうこともある。

学習というテーマに対する私の長年の興味は、私たちが上達しようとする過程に、このような両極端の経験が含まれるからこそ生じているのだ。

本書の執筆を始めたとき、私はすでに20年近く学習について執筆し、考察していた。私の執筆活動は大学生時代に始まり、個人的なブログで学習のコツを公開していた。卒業後、私はプログラミングや言語、絵画など、1年間かけて様々なことを学習するというプロジェクトに没頭した。そうしたプロジェクトでの成功と失敗が、私の前著『ＵＬＴＲＡ ＬＥＡＲＮＩＮＧ 超・自習法』の背景となっている。

当時、私はこのテーマについてほぼすべてを語り尽くしたと思い、新しいテーマに移る準備ができていた。しかし私は2つの理由から、本書のための研究を再開させた。1つ目は、近年になってレベルの向上が加速したテトリスの物語に出会ったことである。『ＵＬＴＲＡ ＬＥＡＲＮＩＮＧ』では、個々の人々がスキルを習得した印象的な事例を取り上げたが、テトリスの物語はゲーム実況などの広がりによって、特定のプレイヤーではなく、彼らを取り巻く文化が上達を可能にしたというものだ。それがきっかけとなり、私はルネサンス期の芸術家の徒弟制度、ジャズミュージシャンの非公式な練習、SF小説家のワークショップ、パイロットの訓練など、さまざまな学習システムに興味を持つようになった。そして本書では、少数の優れた人々が何かを急速に学習するという物語を超えて、学習全般を支える基本的な要素に焦点を当てたいと考えた。

本書を執筆するに至ったもう一つの要因は、前著で未解決だった問題である。『ULTRA LEARNING』では、学習の転移、つまりあるスキルの向上が別のスキルの向上につながるかどうかについて、しばしば期待外れの結果になることを書いた。当時の私が明白に感じたのは、転移が私たちの考えるほど多く生じないのなら、向上させたいスキルそのものを練習することに、より多くの時間を費やすべきだということだった。

あるトピックについてより詳しく学ぶ際によくあるように、私の当初の直観は肯定も否定もされず、複雑なものとなった。第6章で述べたように、能力の向上は比較的、個別のスキルに適用される傾向があることを示す多くの研究がある。しかし同時に、学習したいスキルをただ練習するだけで必ず上達するという考えも否定されている。

ジョン・スウェラーの認知負荷理論に関する研究、アルバート・バンデューラの社会的学習理論、そして直接教授法の成功は、優れたお手本と明確な説明の重要性を浮き彫りにした。他者から学ぶ必要性があることは、私の当初の直観を複雑なものにした。スキルが比較的特定されているとしても、私たちが学びたいことを正確に教えてくれる、完璧な指導者に容易にアクセスできるとは限らないからである。

本書の最終的な姿は、多くの面で、この2つの相反する制約――他者から学ぶ必要性と、上達における具体的な知識や練習の重要性――を調和させようとする試みの結果だ。

『ULTRA LEARNING』では、この本を執筆すること自体がテーマを反映したものだったと述べた。集中的な自己学習プロジェクトを行うことで、自己学習者に向けた本を書いたのである。本書についても、私は同じように感じている。

本書の執筆は、専門家たちの閉ざされたコミュニティに飛び込み、相反する発見や理論を理解しようとするプロセスだった。さまざまな問題を生涯研究してきた専門家が、それらについてどう考えているのか（そしてなぜ彼らの意見がしばしば食い違うのか）を理解しようとすると同時に、自分自身の考えをまとめ、さまざまなスキルやテーマを学習してきた経験を振り返った。

本書を通じて、多様な意見と、それらにおける共通点を示すと同時に、一貫した視点を提示できたことを願っている。私が成功したかどうかは、読者の判断に委ねたい。

達人への道を少しでも進む

何かの達人を目指すというのは、気が遠くなるような目標だ。学ぶべきことは常に、私たちが生涯の中で取り組めることよりも多い。この点は、本書のリサーチ中に何度も思い知らされた。何らかの疑問に満足に答えられたと思うたびに、新たな疑問が十数個生まれるような状態だったのである。

熟達の追求は、自己矛盾的なものかもしれない。近づくにつれて、それはさらに遠ざかる。山頂にたどり着くたびに、登るべき多くの峰が見えてくるのだ。

世界レベルの能力を持つ人々の視点から見ると、私たちのうちの大半は、人生で何もマスターしていないということになるだろう。ウォーレン・バフェットのような敏腕投資家にも、マイルス・デイヴィスのような名演奏家にも、アンドリュー・ワイルズのような天才数学者にもなれない。もし熟達の目標が、卓越した能力の頂点に到達することだとすれば、それはほとんどの人が失敗に終わる運命にあるという意味になる。

しかし、熟達を目指してそれを掴み損ねるのは、良い失敗の仕方だ。たとえ最高になれなくても、自分にとって最も重要なことに対して真剣に取り組むことで、少しでも上達することはできるからである。そして、その「少しの上達」でも、私たちにとって十分であることが多いはずだ。

謝辞

多くの方々の助けがなければ、本書は完成しなかった。本書の最初の構想（そしてその後の多くの方向転換）を導いてくれた、エージェントのローリー・アブケマイヤー、私を信頼し導いてくれた編集者のホリス・ハインボッシュ、そして本書を現実のものとするために尽力してくれたハーパー・ビジネス・チームの皆さんに感謝したい。

アイデアを形成する過程で、多くの有益な議論を交わしてくれたヴァッツァル・ジャイスワル、メーガン・ヤング、バーバラ・オークリー、カル・ニューポート、トリスタン・ド・モンテベロ、カリッド・アザドにも感謝する。

また、数多くの科学者や研究者たちにも感謝の意を表したい。彼らは、自身の研究について私と議論して下さり、膨大な研究文献を理解するのを助けてくれた。ポール・キルシュナー、ジョン・スウェラー、カール・ベライター、ヴィクラム・パテル、フレッド・パース、スティーブン・リード、ジェフリー・カーピッケ、リチャード・メイヤー、アーサー・レバー、ロバート・ビョーク、ペドロ・デ・ブルイケレ、リチャード・クラーク、デビッド・パーキンス、アラン・ショーンフェルド、リチャード・ニスベット、ブルース・ローリングス、ハルシュカ・ヤロツカ、デヴィッド・クラーア、マヌ・カプール、ロバート・デカイザー、ジョン・シー、フィリップ・テトロック、デビッド・モシュマン、ホセ・メストレ、カール・ワイマン、ディーン・シモントン、そしてヨルン・ファン・メリエンボアに感謝する。科学に関して私が本書で誤りを犯していた場合、それは彼らのせいではなく、完全に私の責任だ。

また、両親であるマリアンとダグラス・ヤングにも感謝したい。教育者である彼らは、学ぶこと自体が報酬なのだということを教えてくれた。

そして最後になったが、最も大切な存在である素晴らしい妻ゾリカに感謝する。彼女は尽きることのないサポートと忍耐、そして助言を与えてくれた。あなたなしでは本書を完成させることはできなかっただろう。

GET BETTER AT ANYTHING: 12 Maxims for Mastery
By Scott H. Young

Published by Arrangement with Harper Business, an imprint of HarperCollins Publishers, through Japan UNI Agency, Inc., Tokyo

著者：スコット・H・ヤング（Scott H Young）
『ULTRA LEARNING 超・自習法』の著者であり、ウォールストリートジャーナルのベストセラー作家。ポッドキャストホスト、コンピュータープログラマー。独自の学習メソッドを用いて、「入学しないまま、マサチューセッツ工科大学(MIT)の4年間のコンピュータ科学のカリキュラムを1年でマスターした」ことで知られる。その他にも、「1年間で4つの日常会話レベルの外国語を習得する」「たった1ヵ月で非常に写実的なデッサンが描けるようになる」など、常人では不可能なスピードで数々の専門的なスキルを身につけてきた。ニューヨークタイムズ、ポケット、ビジネスインサイダー、BBC、TEDxなどのメディアで作品が紹介されている。

訳者：小林啓倫（こばやし・あきひと）
1973年東京都生まれ。筑波大学大学院修士課程修了。システムエンジニアとしてキャリアを積んだ後、米バブソン大学にてMBA取得。外資系コンサルティングファーム、国内ベンチャー企業などで活動。著書に『FinTechが変える!』（朝日新聞出版）など、訳書に『1兆円を盗んだ男』『データ・アナリティクス3.0』（以上、日経BP）など多数。

SENSE FULNESS《センスフルネス》
どんなスキルでも最速《さいそく》で磨《みが》く「マスタリーの法則《ほうそく》」

2025年2月28日　第1刷発行

著　　者　スコット・H・ヤング
訳　　者　小林啓倫
発 行 者　宇都宮健太朗
発 行 所　朝日新聞出版
〒104-8011　東京都中央区築地5-3-2
電話　03-5541-8832（編集）
03-5540-7793（販売）

印刷製本　株式会社シナノグラフィックス

ISBN978-4-02-252038-8
定価はカバーに表示してあります。